8° R
20312

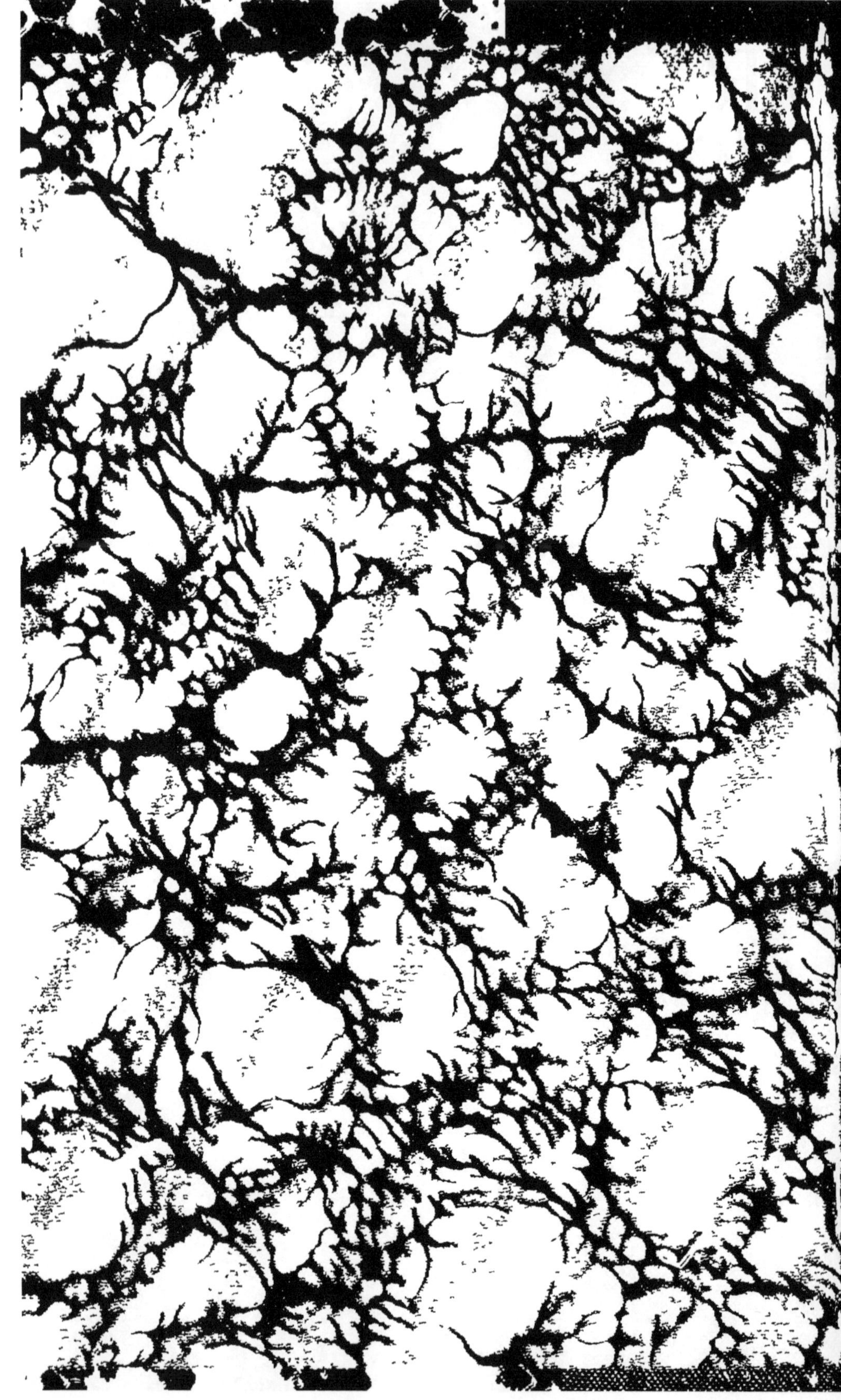

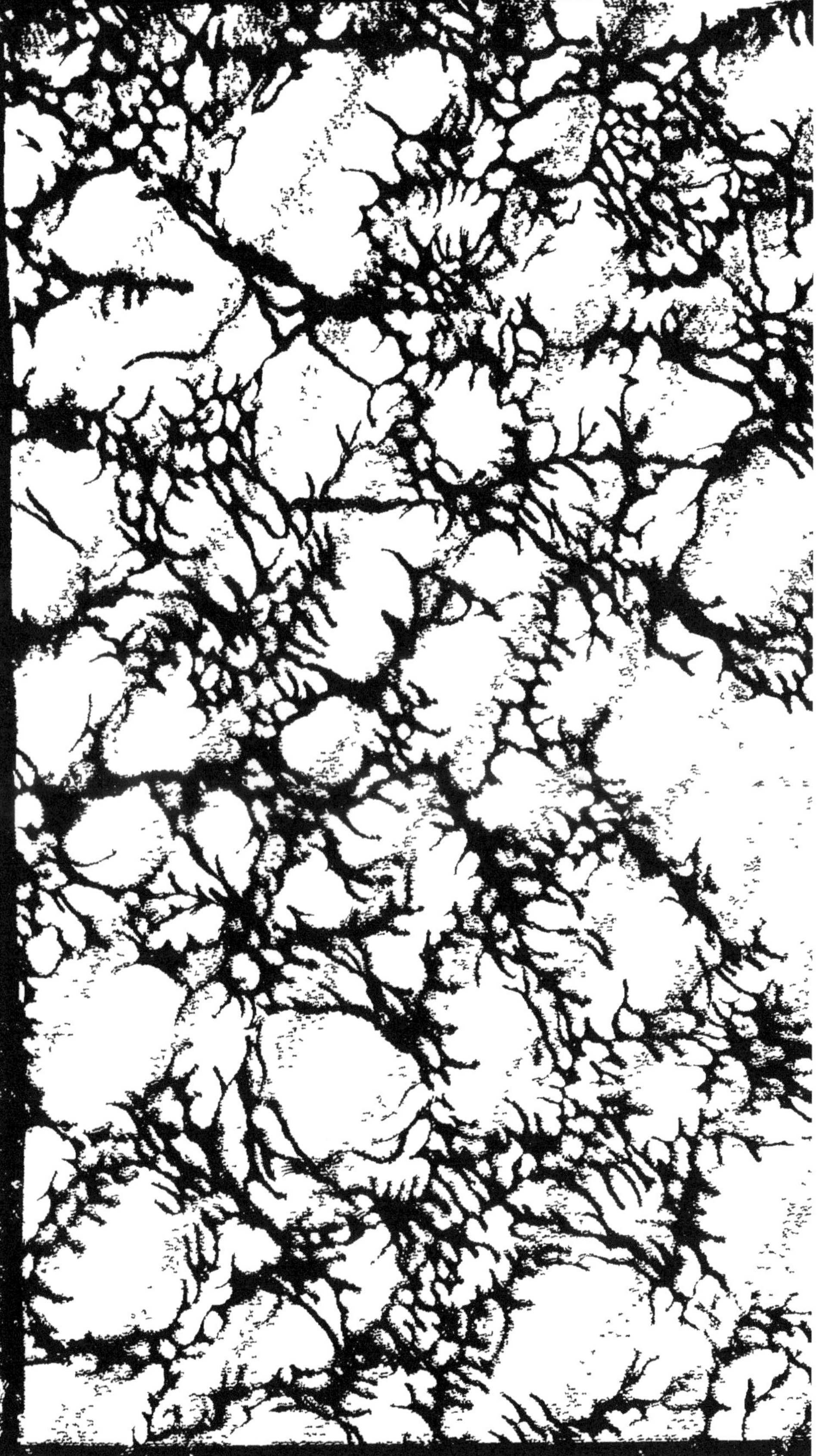

LES

ÉCOLES DE FILLES

FÉMINISME ET ÉDUCATION

DU MÊME AUTEUR

Les Écoles urbaines. Education des enfants normaux, des enfants anormaux et des adolescents; œuvres circumscolaires et postscolaires. 1 vol. in-18 jésus, br. 3 fr. 50 c.

Ouvrage honoré d'une souscription de M. le Ministre de l'Instruction publique, adopté pour les bibliothèques des écoles normales et des écoles primaires supérieures.

LES ÉCOLES DE FILLES

Féminisme et Éducation

PAR

CH. DROUARD
INSPECTEUR DE L'ENSEIGNEMENT PRIMAIRE

PARIS
LIBRAIRIE CLASSIQUE EUGÈNE BELIN
BELIN FRÈRES
RUE DE VAUGIRARD, 52

1904

SAINT-CLOUD. — IMPRIMERIE BELIN FRÈRES.

PRÉFACE

Il est incontestable que, depuis nos désastres de 1870-1871, nous avons fait beaucoup pour l'éducation et l'instruction de nos enfants. Persuadés que c'était le maître d'école allemand qui avait vaincu la France dans notre dernière lutte avec la Prusse, nous avons, depuis, courageusement et loyalement fait appel au maître d'école français et, certes, nous avons été entendus.

Ç'a été un beau spectacle que celui de la rénovation intellectuelle de nos jeunes Français et de nos jeunes Françaises. Nous avons marché, depuis trente ans, à pas de géant dans la voie de l'instruction.

Mais nous avons marché, il faut bien le dire, un peu pêle-mêle.

Nous avons multiplié les écoles de garçons et surtout les écoles de filles, appliquant, aux unes et aux autres, les mêmes programmes d'enseignement, que sanctionnaient des examens presque identiques.

Aujourd'hui, en France comme à l'étranger, se pose la question de savoir si, pour le bien des individus et des nations, on peut ainsi continuer à donner la même instruction et la même éducation aux hommes et aux femmes, aux garçons et aux filles, sans tenir compte des différences physiologiques et psychologiques des deux sexes et des différences dans la destinée de chacun d'eux...

Sur la question de savoir si la femme doit être instruite autant que l'homme, il n'est plus permis de répondre *négativement*, car la femme doit être non seulement *autant*, mais *plus* instruite peut-être que l'homme, du moins en ce qui concerne les connaissances d'ordre général ou pratique.

En effet, que faut-il à l'homme pour bien remplir sa mission? Il faut qu'il soit un bon travailleur, un honnête homme et un citoyen éclairé.

Un honnête homme, un bon citoyen est généralement un travailleur. Avec la division du travail, celui qui, réellement, veut travailler, n'a pas de peine à trouver l'emploi de ses facultés. Il lui suffit, pour réussir, d'être exact, régulier, attentif et d'avoir un peu de résistance physique.

Mais à la femme, à la mère de famille, à celle qui, associée au producteur des ressources familiales, doit assurer le bon emploi de ces ressources, en tirer le maximum de rendement pour procurer aux siens le maximum de bien-être matériel, combien, en présence des progrès de la science moderne et des goûts dispendieux qui en sont la conséquence, combien ne lui faut-il pas d'intelligence, d'instruction, de forte éducation pour être la collaboratrice utile et la digne compagne du mari, et, surtout, la première institutrice des enfants?

Il faut donc que la femme soit instruite, très instruite... Mais il ne la faut pas instruite comme l'homme. Il la faut instruite pour sa destinée : épouse et mère ; il la faut instruite encore pour elle-même et quelquefois pour sa profession, parce qu'il y a des femmes qui, célibataires, ont besoin de gagner leur vie ou qui, veuves, ont encore à gagner celle d'orphelins.

Dans les établissements d'éducation, on doit donc, avant tout, envisager l'éducation de la jeune fille pour son rôle naturel, car il faut souhaiter que la femme productrice industrielle et, par conséquent, concurrente économique de l'homme, soit une rare exception. En effet, et Mme l'Inspectrice générale Kergomard, une de nos meilleures féministes, l'a affirmé d'après les économistes, toute la production nécessaire à la consommation actuelle peut être assurée par le *seul travail de l'homme*. Aussi l'intervention de la femme dans le monde économique n'a-t-elle produit, jusqu'à ce jour, que l'abaissement des salaires masculins et la destruction du foyer domestique.

Malheureusement les institutrices, par un sentiment plus instinctif qu'éclairé, cherchent à former leurs élèves à leur image.

C'est ainsi que les anciennes maîtresses religieuses pensaient avoir pour mission d'amener le plus possible de jeunes filles à la vie mystique et contemplative, et un des membres les plus éminents de l'épiscopat français, Mgr Dupanloup, a écrit contre cette prétention des pages éloquentes.

De même, les institutrices laïques actuelles, qui sont des fonctionnaires, ont cru aussi, pendant un certain temps, qu'il fallait pourvoir leurs élèves d'une instruction qui les rendît indépendantes, et, comme elles, capables de gagner leur vie sans l'intervention nécessaire d'un mari.

C'est là une erreur grave, parce qu'elle a produit la lutte des sexes, parce qu'elle a produit ce qu'on appelle le féminisme dans le sens d'émancipation féminine.

Or, on ne devrait jamais parler d'émancipation ni féminine, ni masculine. On doit, pour s'entendre, parler d'éducation féminine ou masculine.

Lorsque la femme paraît vouloir secouer ce qu'elle appelle sa dépendance, elle oublie que c'est l'homme qui, par la loi du mariage, s'est lié et a sacrifié son indépendance à la protection naturelle, mais noble, de la femme. Toutefois il est juste d'ajouter que l'homme, depuis quelque temps, par manque d'énergie ou par égoïsme, ne s'acquitte plus aussi strictement des obligations que lui imposent les articles 213 et 214 du Code civil[1], et que c'est là aussi

1. Art. 213. *Le mari doit protection à sa femme*, et la femme obéissance à son mari.

Art. 214. La femme est obligée d'habiter avec le mari, de le suivre partout où il juge à propos de résider; *le mari est obligé de la secourir et de lui fournir tout ce qui est nécessaire pour les besoins de la vie, selon ses facultés et son état.*

une des causes de la rupture plus ou moins tacite du contrat conjugal.

Mais ce qui importe, c'est de ne pas oublier que, dans la société, il n'y a ni sujétion, ni indépendance absolues : il y a interdépendance...

Le véritable individu, ce n'est ni l'homme ni la femme, c'est l'homme et la femme. Sans la femme, l'homme n'est rien ; sans l'homme, la femme n'est rien non plus. La vraie cellule sociale est la famille : cela est vieux comme le monde, comme le *væ soli* de l'Ecriture.

En attendant que le législateur remédie à un état d'esprit de toute une génération nourrie d'égoïsme masculin et d'idées d'émancipation féminine, les institutrices, comme les instituteurs d'ailleurs, peuvent s'employer, par leur enseignement, par leurs conseils, à rapprocher des éléments qui, pour le bien de la famille et des individus, doivent rester associés.

Ce rapprochement se fera surtout par une meilleure éducation de la femme qui, avons-nous dit, autant, ou plus, ou moins instruite que l'homme, sera autrement instruite que lui.

C'est dans cette pensée, qu'après des études spéciales faites au cours de notre longue carrière d'inspecteur, qu'après avoir eu l'avantage, pendant quinze ans, au XIVe arrondissement de Paris[1], de suivre dans leurs études pédagogiques pratiques, sous la direction de MM. Pécaut, Steeg, Buisson, Bayet et

1. Le XIVe arrondissement est l'arrondissement de Paris le plus rapproché de Fontenay-aux-Roses.

Gasquet, de Mmes Saffroy et Dejean de la Batie, les élèves de l'École normale supérieure de Fontenay-aux-Roses, j'ai cru pouvoir publier les pages suivantes, persuadé qu'il ne s'agit, pour l'instant, que de poser les prémisses d'une question que d'autres s'appliqueront à résoudre au mieux de l'intérêt social.

LES ÉCOLES DE FILLES

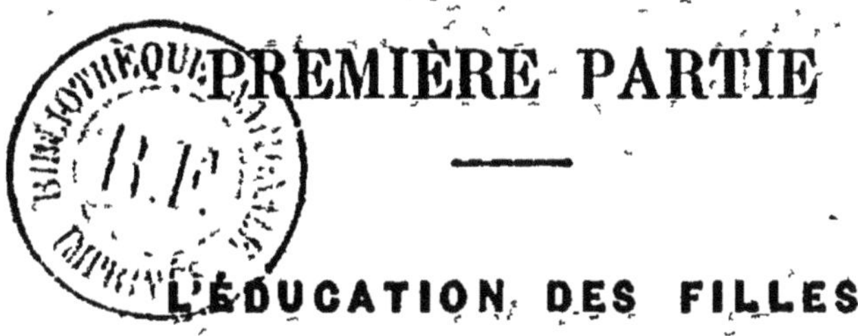

PREMIÈRE PARTIE

L'ÉDUCATION DES FILLES

1. — L'Institutrice.

Il y a en France 50.000 femmes qui enseignent dans les écoles primaires publiques et à peu près autant dans les écoles primaires privées et autres établissements d'éducation. C'est bien là une armée, l'armée des femmes éducatrices, de ces femmes admirables qui renoncent, totalement ou partiellement, aux joies de la vie de famille pour instruire et élever ou aider à élever les enfants de leurs concitoyens.

La femme, dit-on, a la vocation de l'enseignement, et c'est Jules Simon qui a écrit : *Quand on instruit une femme, on ne fait pas seulement une femme instruite, on fait une institutrice.* Mais il ne suffit pas de se sentir appelée à pétrir les âmes ; il faut encore le talent et surtout la force nécessaires à l'accomplissement d'une tâche qui, pour être noble, n'en est pas moins difficile, ardue et quelquefois pleine de dangers.

C'est qu'en effet, l'*institutrice,* celle dont il s'agit dans ce livre du moins, c'est celle qu'on appelait autrefois et même encore actuellement la *maîtresse d'école* ou la *sous-maîtresse,* celle qu'avant la Révolution, on désignait sous le nom de *régente* ou, dans certains écrits, de *femme-instituteur*, celle enfin qui est chargée d'instruire des groupes d'enfants appartenant à plusieurs familles : cette institutrice a besoin, indépendamment des qualités et des vertus inhérentes à son sexe, d'une certaine virilité d'esprit et de caractère.

Une éducation particulière, — et on en a des preuves dans l'histoire des préceptorats célèbres, — exige souvent un tact, une souplesse, une pénétration, une variété de procédés considérables. C'est presque toujours une œuvre de patience et de tendresse dans laquelle une femme peut exceller. Mais la conduite d'une classe, surtout celle d'une classe d'une grande école, exige plus que de la douceur maternelle, plus même que de la fermeté paternelle ; elle exige de la maîtrise, maîtrise de soi, maîtrise des autres ; elle exige aussi un ressort physique qui n'est pas nécessairement l'apanage des plus belles constitutions féminines. Si, heureusement, toutes les institutrices n'ont pas, comme l'héroïque institutrice de Margueritte (Algérie), Mme Goublet, à défendre leurs élèves contre une bande de pillards, toutes ont à subir les fatigues de la classe et à repousser des dangers moraux quelquefois plus redoutables que les dangers matériels.

L'institutrice, comme l'instituteur, doit avoir une certaine instruction qu'elle trouvera d'ailleurs largement donnée par les cours complémentaires, les écoles primaires supérieures, les cours ou pensionnats, les lycées, les écoles normales ; mais au savoir, elle doit ajouter le savoir-faire professionnel, qui ne s'acquiert que par la pratique. Si l'instituteur peut aisément suivre des cours de pédagogie, demander des conseils à des collègues voisins, en un mot, se déplacer facilement, il n'en est pas de même de l'institutrice, qui est tenue à plus de réserve et qui doit pourvoir directement à son entretien domestique, si elle n'a pas avec elle une parente chargée de ce soin.

A la ville, elle doit redouter, plus que tout autre, l'isolement moral, qui résulte de ce qu'on y vit presque ignorée. En effet, dans les grands centres, où la vie est intense, où l'on se coudoie dans la rue, où l'on habite les uns à côté des autres, on ne se connaît souvent que de vue. Lorsqu'on a sous les yeux des exemples de vie facile et, en apparence, heureuse, lorsqu'on vit au milieu d'une population qui sourit à la galanterie et qui ne réprouve même pas les mœurs légères, il n'est pas toujours commode de garder sa dignité et de rester bien consciente de sa responsabilité morale.

Au village, au contraire, l'institutrice connaît tout le monde et tout le monde la connaît, mais tout le monde ne l'apprécie pas de la même manière : les mères de famille ne sont jamais d'accord sur le mérite relatif des enfants de l'école ; les pères sont assez accommodants, mais ne sont pas toujours courtois ; lorsque l'institutrice est une jeune fille, les bellâtres de l'endroit cherchent à lui faire la cour ; le maire n'est pas toujours un protecteur, ni le curé un soutien moral. Aussi faut-il à l'institutrice rurale, à la débutante surtout, une grande réserve, de l'empire sur soi-même, du tact et beaucoup de diplomatie.

L'institutrice est bien obligée de se mettre en rapport avec les familles, qui doivent être au courant des choses de l'école, mais il ne faut le faire que dans l'intérêt des élèves. En en fréquentant quelques-unes par convenance personnelle, on suscite des jalousies chez les autres, surtout chez les plus malheureuses, qui penseront qu'on ne veut pas les voir à cause de leur pauvreté.

L'institutrice n'a pas à s'immiscer dans les partis, heureusement. Personne ne le lui demande. Elle n'a pas non plus à se mêler aux querelles de famille à famille, de voisin à voisin. Elle doit être discrète dans ses visites et éviter les commensalités compromettantes. Elle sera prudente dans ses relations d'amitié.

On exige beaucoup de vertus d'une institutrice, et l'on a raison. Qu'elle se console de ces exigences, car elles ont leur contre-partie dans le respect que l'on professera pour elle ; de sorte que, sans cesser d'être une femme, elle sera plus que les autres femmes. Cela ne vaut-il pas quelques sacrifices?

Quand l'institutrice n'a personne pour diriger son modeste intérieur et que sa famille ne réside pas très loin de la localité, il arrive qu'elle part souvent le samedi soir, quelquefois le mercredi, pour passer ses journées de congé avec ses parents. De prime abord, on ne voit rien que de louable dans cette habitude, qui permet à la jeune fille de venir se retremper l'esprit et le cœur au foyer familial : mais, si l'on y réfléchit bien, on s'aperçoit que ces absences régulières prouvent un manque d'attachement à l'école, aux enfants et à la localité, quand elles ne font pas encore marcher les langues, les mauvaises langues.

Sans doute l'institutrice qui a donné à ses élèves les heures marquées à l'emploi du temps est en règle avec sa conscience de fonctionnaire ; mais, en vérité, l'école est un foyer comme un autre, auquel on peut s'attacher. Si on la considère comme un abri temporaire, on passe pour une étrangère aux yeux des habitants, pour une déracinée, et on ne jouit pas du charme qu'il y a d'associer les objets extérieurs à son existence, et pourtant cette association est une condition du bonheur. Notre vie dépasse notre personne ; elle se prolonge dans les choses ; elle a ses points d'attache tout autour de nous. Adaptons donc notre existence complètement au milieu dans lequel les circonstances nous ont placés.

Un moyen pratique, pour une institutrice célibataire, un

moyen de chasser le mal d'ennui et de se créer en même temps des ressources supplémentaires, c'est de prendre chez elle quelques élèves pensionnaires. Si l'exiguïté de son logement ne lui permet de recevoir que deux ou trois internes, elle peut les admettre avec l'autorisation de la municipalité et par tolérance, sans être tenue aux obligations de l'article 17 du décret organique. D'ailleurs, elle rendra ainsi de réels services à certaines familles de la région.

A la rigueur, il ne serait pas difficile de trouver une jeune fille qui, ne payant que le prix coûtant de ses dépenses, vivrait avec l'institutrice, l'aiderait dans les travaux domestiques et recevrait d'elle, en échange, un complément d'instruction.

Comme on le verra dans d'autres chapitres, les institutrices des pays étrangers éprouvent quelques difficultés à se marier; souvent elles sont obligées d'abandonner leur emploi lorsqu'elles veulent prendre un mari. Il est impossible, à notre avis, de trancher la question de savoir si une institutrice doit opter nécessairement entre le mariage et l'enseignement.

Tout le monde admet qu'une femme qui se marie contracte de nouvelles obligations ; une institutrice qui, en se mariant, reste institutrice, voit donc sa tâche et sa responsabilité augmenter considérablement. Mais nous connaissons, d'une part, des institutrices célibataires qui ont des charges et des préoccupations de famille et qui accomplissent péniblement leur tâche professionnelle, et, d'autre part, des institutrices mariées qui ont la faculté de se donner entièrement à leurs élèves. Tout est relatif.

On nous raconte que, récemment, une institutrice de l'un des Etats-Unis d'Amérique où l'on impose le célibat, s'est mariée et a demandé, avec succès, aux juges de son pays, de la maintenir dans ses fonctions d'enseignement.

En France, la législation permet à une institutrice de se marier sans quitter son emploi ; l'opinion publique — nous ne disons pas l'opinion des pères et mères de famille qui est un peu égoïste, si l'on veut — est favorable à l'institutrice mariée. On a prétendu, on prétend encore, que l'Administration académique ne voit pas d'un bon œil le mariage des institutrices. Si cette assertion était fondée, elle ne pourrait l'être que sur les difficultés que crée quelquefois dans l'école, dans les familles et dans la commune, le mari d'une institutrice, soit par manque de dignité, soit par une ingérence indiscrète dans l'école, soit par son attitude dans la politique des partis, etc. Mais véritablement on ne peut pas en vouloir à cette administration de ressentir ce que ressentent les familles et les autorités locales. Il y a des maris d'institutrices qui sont véritablement gênants, et ce ne sont pas ceux qui contribuent le plus, par leur apport personnel, aux ressources de la communauté. Les institutrices mariées ne doivent donc pas permettre à leurs maris de se mêler, ostensiblement du moins, à leur vie professionnelle.

Depuis quelque temps, les institutrices épousent des instituteurs. C'est généralement le meilleur mariage qu'elles puissent faire, comme convenances matérielles ou spirituelles. Les ménages d'instituteurs et d'institutrices sont, par définition, des ménages assortis. On a encore accusé l'Administration de l'Instruction publique d'être hostile à ces unions. Ecoutez, du reste, M. le Ministre Chaumié répondre sur ce point à un député (*juillet* 1903).

Vous avez bien voulu appeler mon attention sur les difficultés que rencontraient les instituteurs et les institutrices qui désirent se marier, soit quand ils exercent dans le même département, soit lorsqu'ils occupent des postes dans des départements différents.

Permettez-moi de vous faire remarquer que mon administration, loin de mettre le moindre obstacle à ces mariages, les favorise au contraire de tout son pouvoir.

C'est ainsi qu'elle prescrit aux autorités départementales de pourvoir, en pareil cas, de postes doubles les instituteurs mariés à des institutrices.

S'il arrive que les postes doubles fassent provisoirement défaut, on doit confier à ces maîtres des emplois dans les écoles les plus voisines possible.

Lorsqu'il s'agit de mariage entre un instituteur et une institutrice nommés dans des départements différents, mon administration prescrit également la délivrance de l'exeat pour celui ou pour celle qui demande à quitter le département.

Dans ces conditions, vous voudrez bien reconnaître que la plainte qui vous a été signalée n'est pas fondée.

Toutefois, si les instructions ministérielles n'étaient pas suivies à ce sujet, je vous serais très obligé de vouloir bien me renseigner de façon que je puisse assurer leur entière application.

M. le Ministre a fort bien répondu. Mais n'oublions pas que ces autorités départementales dont il parle ont aussi à ménager, à protéger les intérêts de l'école. C'est pourquoi, lorsque ces intérêts sont compromis par l'un des conjoints ou lorsque l'un de ces conjoints pourrait être appelé à un poste plus avantageux, le ménage, qui est solidaire, n'a pas le droit de se plaindre d'un déplacement désavantageux ou d'un avancement trop longtemps attendu. Le fonctionnaire a été créé pour la fonction, et, si respectables que soient les droits du fonctionnaire, ils ne peuvent pas toujours primer l'intérêt public.

Les ménages d'instituteurs exercent quelquefois dans la même école (école de garçons ou école mixte) et la femme est, dans ce cas, l'adjointe ou la collègue de son mari. Nous avons dit ailleurs[1] ce que nous pensions de l'introduction des femmes dans les grandes écoles de garçons.

Lorsque l'instituteur et l'institutrice sont les seuls

1. Voy. *Ecoles urbaines*, page 67.

maîtres de l'établissement, l'entente est très facile et la collaboration peut être absolument complète, si dans le domaine professionnel elle s'exerce bien simultanément, car il n'en est pas toujours ainsi. En effet, on a pu lire, dans un bulletin départemental, les observations humoristiques suivantes :

L'autorité du directeur sur l'adjointe est en général assez précaire... quelquefois c'est celle-ci qui rétablit la discipline dans la classe de celui-là... Ils sont rares les titulaires masculins qui donnent à leur femme des notes trimestrielles comme celles que j'ai relevées moi-même : « *les devoirs ne sont pas toujours bien corrigés ; les leçons manquent de préparation* »... Presque toujours, au contraire, les notes sont extrêmement laudatives... Seulement il faut en rabattre lorsqu'on va voir l'adjointe ; d'abord on ne la trouve pas toujours, l'adjointe : elle est dans le ménage et c'est monsieur qui tient les deux classes, absence momentanée d'ailleurs. — Un jour, j'entre dans une école : en ouvrant la porte, je m'aperçois que la classe de madame est vide ; dans celle du prince consort tous les élèves sont réunis. M. le titulaire s'avance précipitamment et balbutie en style de télégramme quelques phrases dans lesquelles je démêle : « *Dépêche ce matin, oncle décédé, grand malheur, madame partie par le train de midi*, etc. ; et tout cela avec la voix tremblante, les larmes aux yeux... J'étais ému moi-même et je risquai quelques consolations. — Eh bien, mes amis, l'oncle était trépassé et enterré depuis trois semaines, le télégramme n'existait pas, les larmes de Monsieur étaient rétrospectives, et il n'y avait là d'émotion vraie que la mienne, à moi qui n'avais pas perdu d'oncle.

Mettons que l'auteur de ces lignes ait montré beaucoup de goût pour ces figures littéraires qu'on appelle l'*ironie* et l'*hyperbole* ; il n'en reste pas moins certain que des manquements, des négligences de service de ce genre peuvent se produire aisément et que, pour les éviter, l'instituteur et l'institutrice qui sont attachés à la même école doivent s'appliquer strictement à eux-mêmes les prescriptions réglementaires.

Nous avons déjà dit que l'institutrice avait des obligations familiales qu'elle ne peut éluder. C'est ainsi que lorsqu'un membre de sa famille, notamment l'un de ses enfants, est atteint d'une maladie contagieuse, elle est souvent forcée de soigner elle-même le malade. Il est alors utile, si elle ne cesse pas son service, qu'elle prenne certaines précautions hygiéniques, pour ne pas devenir, auprès de ses élèves, un agent de transmission de maladies. Dans le département de la Seine, par un avis du 6 juillet 1900, la Commission d'assainissement des écoles indique les prescriptions suivantes :

Les institutrices obligées de donner des soins à leurs propres enfants doivent être prévenues qu'elles peuvent servir de véhicule aux germes infectieux et contaminer les élèves.

Pour éviter un tel inconvénient, il est de toute nécessité que l'enfant malade soit isolé, à leur domicile, dans une pièce spéciale.

Un crachoir sera à la disposition du malade. Les linges seront placés, aussitôt qu'ils ne servent plus, dans un sac préalablement demandé au service municipal de désinfection ou, en attendant, dans un drap noué par les coins.

Elles n'entreront dans la chambre du malade qu'après avoir revêtu une blouse de toile ou un peignoir fermant au col et aux manches et couvrant entièrement la jupe.

Elles devront revêtir des chaussures qu'elles auront le plus grand soin de ne jamais garder pour aller à l'école.

Avant de sortir, elles se laveront la figure et nettoieront leurs mains à l'aide d'eau chaude et de savon blanc de Marseille en forte dissolution. Les ongles seront brossés et nettoyés rigoureusement.

En présence d'un cas franc ou suspect dans la famille d'une institutrice, la direction de l'enseignement sera aussitôt prévenue, ainsi que le médecin inspecteur de l'école, et le service municipal de désinfection, saisi également, par l'intermédiaire de la Mairie, ou directement, avenue Victoria, 5.

On le voit, les fonctions d'institutrice qui se compliquent des devoirs de famille sont très délicates et souvent très pénibles à remplir. Les femmes qui s'en acquittent bien sont véritablement des femmes dont l'autorité est grande auprès de leurs élèves et des familles, et elles méritent qu'on les admire.

Les institutrices, auxquelles les familles, la commune et surtout l'Etat, demandent de grands sacrifices et beaucoup de talent pour élever convenablement les jeunes filles, c'est-à-dire de futures mères de famille, ont donc droit au respect de tous.

Autrefois, à l'exception de l'institutrice congréganiste, dont le vêtement religieux et souvent la participation aux œuvres d'assistance ne prêtent pas à la plaisanterie, l'institutrice passait pour une personne excentrique, quasi-comique, un type analogue à « la vieille Anglaise ». On se moquait facilement de sa mine gourmée, de ses cheveux plats, de son lorgnon, de sa pédanterie de langage, etc.

Dans ces derniers temps, des esprits malveillants ou mal renseignés ont essayé de nous présenter l'institutrice comme une coquette, une déclassée, une femme de réunion publique, etc., c'est-à-dire une femme qui n'a pas le caractère et la dignité nécessaires pour diriger l'enfance et la jeunesse. On a certainement confondu certaines demoiselles brevetées ou qui se disent brevetées avec les vraies institutrices, celles qui sont aussi brevetées, mais qui enseignent réellement dans les écoles publiques ou privées; celles-ci nous les connaissons, les familles les connaissent et les estiment.

C'est de ces femmes qu'une directrice d'Ecole normale, une véritable éducatrice, la regrettée Mlle Heurtefeu, disait :

Elles ne sont pas des êtres à part qui ont renoncé à la vie naturelle, à la vie de famille, pour embrasser un état supérieur; non, ce sont des femmes comme les autres, que tout le monde peut imiter; ce sont des épouses, des mères, des filles, qui partagent leur affection et leurs soins entre leurs maris, leurs enfants ou leurs vieux parents et leurs élèves, qu'elles aiment d'un cœur qui a battu pour des êtres humains et pour qui elles ont des entrailles qui ont palpité de joie et de douleur; ce sont des femmes que le grand Dieu juste et bon bénit avec amour parce qu'elles réalisent son œuvre.

D'ailleurs maintenant certaines préventions religieuses contre l'institutrice laïque sont totalement tombées, puisque, dans beaucoup d'écoles privées congréganistes, on trouve des maîtresses laïques qui y enseignent comme adjointes et des élèves que l'on prépare pour les écoles normales publiques.

On nous a encore montré, au théâtre, de vraies maîtresses de classe, notamment une *Noémie Lambert* (l'*Écolière*, à la Renaissance, 1901), la trop jolie institutrice qui veut parfaitement remplir son rôle tout en restant vertueuse, mais qui, commettant des imprudences de coquetterie et de curiosité naïve, donne prise ainsi aux calomnies et se voit forcée de démissionner. Son dernier mot, c'est qu'il faut être laide quand on veut être institutrice. Eh bien, non, l'enseignement n'est pas un pis aller pour les jolies femmes. Les jolies femmes, qu'elles appartiennent à une administration quelconque, qu'elles soient employées de magasin, ou de simples ouvrières, sont plus regardées et plus jalousées qu'un laideron. Cela est naturel, et c'est d'ailleurs la rançon de la beauté. Mais l'institutrice, qui représente la vertu laïque, les convenances, l'austérité même, qui parle au nom des mères de famille, peut être respectée, sera respectée si elle le veut bien. Une femme peut être jolie et honnête. L'institutrice dévouée à son devoir, qui s'occupe bien de ses élèves et s'y attache, qui ne cherche pas, par des absences réitérées ou prolongées, à échapper à la surveillance publique, ne court pas de bien grands dangers. Nous en avons vu, au contraire, recherchées en mariage par des personnes qui avaient à les apprécier seulement comme institutrices. Nous ne faisons pas allusion, bien entendu, aux deux interprètes principaux de la pièce l'*Écolière*, Gémier (le délégué cantonal) et Andrée Mégard (Noémie Lambert), qui se sont épousés plus tard, comme artistes, bien entendu; mais nous avons vu beaucoup de vraies institutrices — des institutrices distinguées — épouser des maires, des délégués cantonaux, des sous-préfets et même des chefs universitaires.

Ajoutons à cela que les institutrices sont souvent demandées en mariage par des notables de l'endroit, et on reconnaîtra facilement que la beauté, la distinction et une éducation soignée ne déconsidèrent pas les maîtresses d'école.

Nous disions plus haut qu'on demande beaucoup aux institutrices. On attend beaucoup d'elles. Nous sommes à un tournant de notre évolution sociale. On croit qu'à l'avenir, les femmes doivent jouer un rôle moins effacé, qu'elles auront besoin d'une instruction solide et d'une éducation pratique, civique même très sérieuse. C'est ainsi qu'un homme d'Etat a dit récemment que « la République ne serait réellement fondée en France que lorsque la majorité des femmes serait républicaine », et que V. Hugo, à Jersey, sur la tombe ouverte d'une féministe, Louise Jullien, avait déjà prononcé, en 1853, cette parole célèbre : « Le dix-huitième siècle a proclamé les droits de l'homme, le dix-neuvième proclamera ceux de la femme. »

Mais comme droits et devoirs sont les deux faces d'une même chose, les femmes du vingtième siècle doivent se préparer à remplir la mission de rénovation sociale qui semble leur être dévolue.

La nouvelle éducation qui s'impose pour elles sera, en grande partie, l'œuvre des institutrices dans tous les établissements où l'on élève les jeunes filles. Institutrices! mettez-vous à l'œuvre!

. . . .

. . . .

Nous pensons que, pour l'accomplissement d'une telle œuvre, il est utile que les institutrices aient un aperçu des anciennes et des nouvelles doctrines d'éducation des filles; qu'elles sachent bien ce qui, dans notre législation scolaire, se rapporte plus particulièrement aux écoles de filles; qu'elles soient au courant des théories féministes en France et à l'étranger, afin d'être fixées elles-mêmes sur le but qu'elles doivent poursuivre à l'école : d'où les chapitres qui suivent, et qui précèdent les études plus spécialement consacrées aux problèmes d'éducation pratique.

2. — Historique de l'éducation des filles.

ANTIQUITÉ

Chez les Indous, la femme ne recevait aucune instruction.

Chez les Juifs, on enseignait la lecture et l'écriture aux garçons seulement. Les filles étaient exercées à filer, à tisser, à diriger le ménage et la cuisine et aussi à chanter et à danser.

Le philosophe grec *Platon* (cinquième siècle avant J.-C.), dans sa « République », rêve d'une cité où la jeune fille reçoit la même éducation que le jeune homme.

« Garçons et filles, dit M. Liard, reçoivent la même éducation. Jusqu'à l'âge de trois ans, mère et nourrice veillent avec le plus grand soin sur l'enfant; après quoi l'Etat s'en empare... De trois à six ans, les enfants sont en commun; à partir de six ans les deux sexes sont séparés; mais ils suivent des exercices semblables. »

L'identité d'éducation des deux sexes vise surtout le développement physique et esthétique de l'individu et la nécessité, pour les femmes, de concourir par les armes à la défense de la cité : la femme de l'Athénien doit, comme la femelle de l'animal, combattre en cas de danger.

Un autre moraliste de la même époque, *Xénophon*, le capitaine et l'historien de la retraite des Dix Mille, est l'auteur de l'*Economique*, « livre gracieux et charmant, dit M. Compayré, qui, avec quelques retouches, deviendrait facilement digne de figurer dans la bibliothèque d'une jeune fille et d'être placé dans la corbeille d'une fiancée moderne ». C'est l'éducation de la femme par le mari. Avant le mariage, la femme d'Ischomaque n'avait appris qu'à filer la laine, à être sobre, à être silencieuse, etc. C'est Ischomaque qui va lui apprendre que tout est commun dans le ménage, que chacun a son rôle dans l'administration de la maison, que l'homme et la femme se complètent, etc., et, sous cette douce influence qui conseille plus qu'elle ne gronde ou sermonne, la jeune épouse comprend qu'elle doit contribuer au bien-être intérieur pendant que son mari s'occupera des affaires extérieures.

Chez les premiers Romains, la mère, gardienne du foyer, élève les enfants. Plus tard, selon la mode athénienne, on les confia à des esclaves, sans s'inquiéter des défauts et des vices de ces pédagogues improvisés : on conçoit qu'il n'y avait pas alors d'éducation propre aux filles.

Avec *Plutarque*, philosophe grec (premier et deuxième siècles) qui tint une école à Rome, l'éducation reprend son caractère familial. « C'est la mère, dont la tendresse de l'âme est relevée par l'attrait du visage, par la douceur de la parole, par la grâce caressante, qui de nouveau instruira les enfants » ; elle sera donc instruite elle-même, mais le philosophe compte plus sur ses qualités naturelles que sur sa science.

M. Gréard, qui a étudié Plutarque surtout comme moraliste, voudrait que cette belle maxime de l'auteur des *Vies des hommes illustres :* « L'âme n'est pas un vase qu'il s'agisse de remplir ; c'est un foyer qu'il faut échauffer », maxime applicable aussi bien à l'éducation des filles qu'à celle des garçons, fût gravée sur les murs de nos classes.

Le premier rhéteur chargé d'un enseignement public, *Quintilien*, l'auteur de l'*Institution oratoire*, et le précepteur de Néron, *Sénèque*, qui nous a laissé de véritables axiomes pédagogiques, ne nous apprennent rien de l'éducation des filles.

MOYEN AGE

Les premiers âges chrétiens furent pauvres en pédagogie. Les conséquences des doctrines chrétiennes étaient la préparation à une vie mystique, peu humaine, et l'accaparement de l'éducation par l'Eglise. Toutefois des docteurs célèbres professèrent un certain libéralisme. Les lettres de *saint Jérôme* (quatrième siècle) sur l'*éducation des filles* sont un précieux document pédagogique ; elles renferment d'excellents conseils pour l'instruction, mais elles nous éloignent considérablement du but que poursuivaient les Grecs : *le corps robuste support d'une belle âme*. Saint Jérôme ne veut pas que *Paula* assiste aux festins de famille ; elle ne boira jamais de vin, source d'impureté ; elle ne mangera jamais de viande et presque jamais de poisson ; elle se nourrira de légumes ; elle ne prendra pas de bains et n'entendra jamais d'instruments de musique ; elle vivra comme un ange, dans la retraite : c'était là de l'ascétisme physique et intellectuel.

En réalité, pendant toute la durée du moyen âge, l'éducation féminine populaire fut à peu près nulle ; l'instruction était réservée aux ecclésiastiques et aux gens de haute condition. On ne demandait à la femme du peuple que des vertus d'obéissance et de résignation. Les dames auxquelles

les chevaliers, écuyers et pages de l'époque consacraient leurs forces, leur intelligence et leur dévouement n'étaient que les dames ou demoiselles du château. D'ailleurs pour celles-là encore, si l'on en croit *le Livre du Chevalier de la Tour Landry pour l'enseignement de ses filles*, l'éducation a pour but la dévotion. Ce père pédagogue propose comme exemple à ses filles une comtesse « qui voudrait ouïr trois messes chaque jour » ; néanmoins il leur donne de sages conseils sur la tenue extérieure, sur la toilette, la politesse, etc.

De récentes études permettent de croire qu'au douzième siècle, les châtelaines et les bourgeoises recevaient une instruction consistant dans la lecture du latin, l'arithmétique, l'astronomie, la chirurgie, la pharmacie, la médecine, ces trois dernières sciences bien appréciables si l'on se rappelle l'isolement des châteaux forts.

Leurs talents d'agréments consistaient à chanter, à improviser des chants, à jouer de certains instruments, à orner des missels, à connaître le jeu d'échec, à monter à cheval, à chasser, à danser, à filer, à broder, etc.

On dit même que les « bachelettes » devaient posséder « gai savoir et science vraie », formule qu'on pourrait accepter de nos jours.

TEMPS MODERNES

A l'époque de la Renaissance, les femmes sont admises à participer à l'éducation intégrale que l'on poursuit pour les hommes : le moyen âge formait des docteurs ou des chevaliers ; la Renaissance voulait cultiver dans la même personne, le lettré, le cavalier et le gentilhomme. Les femmes du milieu aristocratique furent instruites comme les hommes et par les hommes : une certaine *Olympia Morata*, à treize ans, se faisait remarquer par son éloquence ; *Marguerite de France* eut les mêmes professeurs que son frère François Ier ; à treize ans, *Marie Stuart* savait le latin, et, au même âge, *Jeanne Grey* lisait Platon dans le texte.

L'homme que l'on se plaît à considérer comme le plus grand savant du seizième siècle, *Erasme*, a nettement posé le problème de l'éducation des femmes. Faut-il instruire les femmes? Question un peu téméraire au sortir d'une époque où, de l'avis presque unanime, il s'agissait simplement de les conserver chastes jusqu'au mariage. Erasme échappe à cette opinion :

> La femme doit être instruite parce qu'elle est l'institutrice naturelle de ses enfants... Elle ne doit pas seulement être fidèle à son mari, mais doit encore le retenir à son foyer par le charme de son commerce et l'attrait de sa conversation... S'il est du devoir d'un père de faire instruire sa fille, un mari devrait, par calcul, faire instruire sa femme.

En 1524, *Luther* demandait en Allemagne l'appui des pouvoirs publics pour le développement de l'instruction :

> «...Pourquoi chaque ville, disait-il, ne dépenserait-elle pas autant pour payer un ou deux maîtres d'école... Le salut et la force d'une ville résident surtout dans la bonne éducation qui lui donne des citoyens instruits, raisonnables, honnêtes... Le monde a besoin d'hommes et *de femmes* instruits afin que les hommes puissent bien gouverner le pays et que *les femmes puissent bien élever leurs enfants et bien diriger leur maison.* »

Et, dans l'intention de ne pas gêner les parents, en bon opportuniste, il n'exige que peu de temps pour le travail scolaire :

> « Je n'approuve pas non plus ces écoles où, dit-il, l'on passe vingt ou trente ans à étudier sans rien apprendre... Il faut envoyer les garçons une heure ou deux par jour et leur faire apprendre un métier le reste du temps. Les filles peuvent bien, elles aussi, sans négliger les affaires de la maison, consacrer à l'école la même durée. »

Montaigne redoute que l'instruction enlève à la femme ses charmes naturels ; avec l'étude de la rhétorique ce serait « couvrir ses beautez sous des beautez estrangières ». Avec leur science naturelle, elles commandent à la baguette et régentent les régents. Il leur concède la poésie comme un art folâtre et subtil. Le duc François, à qui l'on objectait que sa fiancée n'avait reçu aucune instruction de lettres, répond :

« Qu'il l'en aymoit mieulx et qu'une femme estoit assez sçavante quand elle sçavait mettre différence entre la chemise et le pourpoint de son mari. »

Chrysale n'a pas dit autre chose.

Au seizième et au dix-septième siècle, c'est presque toujours dans les couvents que les jeunes filles recevaient une instruction rudimentaire. Nombreuses étaient les congrégations religieuses qui se consacraient à l'enseignement. Citons, les *Ursulines* (1537), les *Angéliques* d'Italie (1536), l'ordre de *Sainte-Elisabeth*, etc.

Pour bien connaître le fonctionnement de ces maisons d'éducation, il faut lire le *Règlement pour les enfants*, rédigé par la sœur de Pascal, *Jacqueline Pascal*, religieuse de Port-Royal. Il y a bien à critiquer dans ce règlement de Port-Royal; mais il satisfaisait les meilleurs esprits du siècle, car Racine, en parlant des élèves auxquelles il s'appliquait, disait « qu'on ne se contentait pas d'y élever les jeunes filles à la piété, qu'on prenait aussi un grand soin de leur former le cœur et la raison »; et Boileau, dans une satire, vante l'épouse « aux vertus dans Port-Royal instruite ». Toutefois, M. Gréard, dans son mémoire sur l'*Enseignement secondaire des filles*, réprouve sévèrement l'austérité des règles de Jacqueline Pascal : règle du silence, marche entre deux religieuses, travail séparé, méditation, oraison, enseignement limité à la lecture, à l'écriture, au catéchisme, mains toujours occupées, inclinations naturelles combattues, absence de soins corporels, mortifications incessantes.

« Qu'on se représente, dit-il, ces journées de quatorze et de seize heures, se succédant et s'appesantissant sur la tête des pauvres petites sœurs, pendant six ou huit ans, dans cette solitude morne, sans que rien n'y apportât le mouvement de la vie, rien que le son de la cloche annonçant le changement d'exercice ou de pénitence : et l'on comprendra le sentiment de tristesse de Fénelon, lorsqu'il parle des ténèbres de la caverne profonde où l'on tenait enfermée et comme ensevelie la jeunesse des filles. »

Mais ce serait une injustice de ne pas reconnaître que les méthodes d'enseignement avaient une certaine valeur pour l'époque et que c'est à Jacqueline, ou tout au moins à son frère Pascal, que l'on doit, en lecture, la nouvelle appellation des lettres (*be*, *ce*, *de*, etc.) que Marcel Prévost, dans ses *Lettres à Françoise*, trouve si ingénieuse, qu'il voudrait qu'on élevât une statue à « l'homme de génie[1] » qui l'a imaginée.

L'*Education des filles*, de Fénelon, qu'il faut lire entièrement, est une œuvre d'éducation libérale et humaine ; elle fut écrite plus pour les mères que pour les couvents. Voici quelques-unes des idées du livre :

« La femme doit être instruite... Elle ne doit pas ignorer le monde puisque le monde est l'assemblage des familles. Le bonheur de l'homme tient à l'éducation de la femme... En éducation le plaisir fait tout... Mêlons le jeu aux études... Evitez aux filles l'ennui, le désœuvrement, la frivolité, la langueur romanesque, etc. »

A Saint-Cyr, avec *Mme de Maintenon*, celle qu'on a appelée la première maîtresse laïque de notre pays, nous assistons à un essai hardi de sécularisation de l'éducation des filles. On

1. Marcel Prévost ignore évidemment que cette appellation est attribuée à Pascal.

y sent l'influence des idées de Fénelon, surtout dans les premières années.

C'est Mme de Maintenon qui dit :

« Il faut élever nos bourgeoises en bourgeoises ; il faut leur prêcher les devoirs de famille, l'obéissance au mari, le soin des enfants... Nos demoiselles n'ont pas à faire les servantes... Il faut les mettre à tout et les faire travailler aux ouvrages pénibles pour les rendre robustes, saines et intelligentes... L'Institut est fait non pour la prière, mais pour l'action. »

Le *Traité des études* de *Rollin* caractérise bien la pédagogie du dix-septième siècle. C'est un ouvrage important. Mais son auteur n'a pas eu de grandes vues sur l'éducation des filles ; il ne s'est guère occupé que de celles qui ont une gouvernante. Cependant il rappelle aux seigneurs des villages qu'il est indispensable d'établir des écoles de filles, parce que, à la campagne plus qu'à la ville, l'éducation des enfants repose principalement sur les mères.

Ce n'est pas dans l'*Emile* (1762) de *J.-J. Rousseau*, où se trouvent posés, souvent avec éclat, tous les problèmes de l'éducation, qu'il faut aller chercher des règles précises et sûres pour l'éducation des filles. *Sophie*, la femme parfaite, n'est élevée que pour faire le bonheur d'Emile.

« Sophie, dit M. Gréard, n'a que des vertus d'éducation conjugales... Jusqu'à son mariage, elle n'a pas existé. Elle n'a rien appris, rien lu, qu'un Homère et un Télémaque, qui lui sont tombés par hasard dans les mains. Elle a été bien prévenue : « Toute fille lettrée restera fille, lorsque les hommes seront sensés. » C'est Emile qui doit l'instruire, qui la façonnera à son image, etc.

Rousseau oublie que la femme, conformément à la dignité humaine, doit être élevée d'abord pour elle-même. Néanmoins il corrige de temps en temps cette erreur par des vues de détail charmantes et judicieuses.

PÉRIODE CONTEMPORAINE

Le livre de Rousseau avait déterminé en France et à l'étranger un courant pédagogique considérable. Plusieurs femmes notamment s'occupèrent d'éducation : *Mme d'Epinay*, elle-même, voulut garder sa fille auprès d'elle et nous savons, par ses lettres, comment elle voulut l'élever ; *Mme de Staël* abandonna un peu les idées de Rousseau lorsqu'elle connut les méthodes de Pestalozzi ; *Mme Necker de Saussure* garde bien un peu l'esprit du maître, mais elle condamne l'éducation négative ; le chapitre III de son *Education progressive* est entièrement consacré à l'éducation des femmes.

Mme de Genlis (1748-1830) est certainement une des premières éducatrices de notre temps. Elle avait au plus haut degré la vocation pédagogique ; mais son action s'éparpillait sur trop de choses à la fois. Elle voulait tout savoir pour tout enseigner : à sept ans, elle jouait déjà à l'institutrice. Par ses *Lettres sur l'Education*, auxquelles elle donna aussi le titre : *Adèle et Théodore*, elle marquait son intention de rivaliser avec Rousseau et de mieux élever un homme et une femme que ne l'étaient *Emile* et *Sophie*. M. Gréard, qu'il faudrait toujours citer, en parle ainsi :

> Avec Mme de Genlis, nous touchons aux dangers de l'éducation encyclopédique. A douze ans, elle n'ignore rien de ce que l'on peut savoir ; en outre elle joue la comédie, elle peint, elle manie les instruments les plus divers. Le mariage ne ralentit pas son zèle... elle fait la cuisine, botanise, lève des plans, dresse des projets d'architecture, apprend à saigner.

Mme de Campan (1752-1822), comme lectrice à la cour de Louis XV et à celle de Louis XVI, comme directrice d'un pensionnat florissant à Saint-Germain, comme directrice de la maison d'Écouen que Napoléon fonda pour les filles des membres de la Légion d'honneur, avait acquis une expérience personnelle en pédagogie; son traité de l'*Éducation* et ses *Conseils aux jeunes filles* le prouvent nettement. Ce dernier ouvrage était destiné aux écoles élémentaires.

« J'ai vu de près, dit-elle, combien l'éducation des filles du peuple de la campagne était incomplète et négligée... C'est pour elles que j'ai tracé ce petit ouvrage. »

Elle veut que l'on crée des « mères », c'est-à-dire des femmes assez instruites pour instruire elles-mêmes leurs filles.

Mme de Rémusat, qui a écrit un *Essai sur l'éducation des femmes*, ne donne pas de conseils pratiques mais elle s'élève à de hautes considérations :

« La femme est la compagne de l'homme, mais elle existe pour son propre compte... Il ne faut pas lui dénaturer la vérité sous la forme d'un préjugé, ni le devoir sous l'apparence d'une superstition... La foi, c'est la conquête de l'intelligence qui cherche consciencieusement la vérité... Élevez la femme jusqu'au sentiment religieux... La destinée d'une femme c'est d'être l'épouse et la mère d'un citoyen.

Mme Guizot (Pauline de Meulan, 1773-1827) nous a laissé une *Éducation domestique*, inspirée d'un esprit fortement philosophique.

Mlle Sauvan, inspectrice des écoles publiques de Paris, a rédigé (1841) un *Manuel* des écoles primaires communales de jeunes filles, où elle expose uniquement le *mode mutuel*.

Mme Pape-Carpentier (1815-1878) s'est surtout occupée de l'éducation de la première enfance; elle est en quelque sorte la créatrice de la *leçon de choses;* ses œuvres sont bien connues du personnel des salles d'asile (écoles maternelles).

L'évêque d'Orléans, *Mgr Dupanloup* (1802-1878), a écrit des *Lettres sur l'éducation des filles* qui n'ont paru qu'après sa mort. Ces lettres, qu'on ne peut analyser, renferment des morceaux charmants, des appréciations et des descriptions très délicates qui font penser à Fénelon et à Mme de Maintenon. En les lisant, on oublie ce qu'a été, comme homme public, celui qu'on a appelé « un journaliste égaré dans l'épiscopat ».

Le pédagogue suisse *Pestalozzi* avait, à Burgdorf, une école mixte; mais dans ses fameuses interrogations il ne s'adressait jamais aux filles. A Yverdun, il avait créé un Institut spécial aux jeunes filles, où l'on recevait des pensionnaires et des externes et qui comprenait aussi une sorte d'école normale d'institutrices. Les professeurs étaient les mêmes que ceux de l'Institut de garçons.

Le *Père Girard*, qui fut, à Fribourg, un digne émule de Pestalozzi, ne s'est pas occupé spécialement des filles dans ses œuvres d'éducation.

Frœbel, qui avait commencé à enseigner à Francfort, vint passer deux ans à Yverdun, et plus tard, après un séjour à Berlin et divers essais pédagogiques, il ouvrit à Keilhau un cours normal à l'usage des jeunes filles qui se destinaient à l'éducation des petits enfants. Il est le créateur de ce qu'on est convenu d'appeler les *Jardins d'enfants* (écoles maternelles).

PAYS ÉTRANGERS

A l'étranger, l'éducation des filles s'est plus ou moins développée selon le tempérament national, selon les mœurs, les traditions, selon le plus ou moins de libertés politiques.

En *Allemagne*, que l'on considère comme la terre classique de la pédagogie, l'Etat ne fait pas beaucoup pour l'enseignement des filles; il n'a cure de la préparation des institutrices (il y en a pourtant 10.000 en Prusse). Ce sont les villes, les sociétés, les établissements privés qui poursuivent la création d'écoles de perfectionnement. Toutefois la réforme des examens primaires en Prusse, du 1er juillet 1901, édicté des règles très sérieuses pour l'examen d'institutrice, qui doit être surtout un examen pratique.

Les instituteurs allemands tiennent en suspicion leurs collègues féminins. Dans le Congrès de Kolberg (Poméranie) en 1901, treize cents instituteurs ont voté ces résolutions :

> Il faut placer le moins de femmes possible dans l'enseignement, parce qu'elles ont moins d'aptitudes pédagogiques que les hommes (constitution plus faible, préjugés, état d'âme pénible dû à leur condition sociale et à leur état de célibataires)...
>
> Elles sont bonnes dans les familles, les pensionnats et dans les écoles publiques pour les enseignements techniques : travail manuel, gymnastique, natation. Dans l'enseignement proprement dit, elles ne conviennent que pour les écoles de filles; encore faut-il ne les employer qu'exceptionnellement comme directrices et maîtresses principales.

Les écoles de filles sont donc confiées à des hommes. Elles sont d'ailleurs tenues avec beaucoup d'ordre : pendant les récréations, même dans les grandes écoles, les élèves jouent sans bruit, causant à voix basse. On cultive en elles le sentiment religieux, le sentiment patriotique, l'esprit d'obéissance et de soumission et l'habileté manuelle.

L'*Angleterre* donne aux filles une éducation plus libérale, tout en poursuivant un but pratique, car les travaux à l'aiguille ont été imposés par le programme de 1862, la cuisine par ceux de 1882, le blanchissage par ceux de 1889, et l'hygiène domestique par ceux de 1897. En 1894, la cuisine était enseignée dans 2.709 écoles à 135.000 élèves.

L'éducation physique est en honneur dans la Grande-

Bretagne; elle est donnée selon la méthode suédoise. A Londres, en 1900, huit mille filles ont été exercées à la natation et dix-huit cents ont appris à nager.

Les filles du peuple sont un peu indépendantes de la famille, qui comprend, en général, beaucoup d'enfants. Par les exercices religieux du dimanche, on cherche à les discipliner moralement et, au sortir de l'école, des personnes charitables, des associations de bienfaisance leur procurent des distractions honnêtes pour les arracher aux séductions extérieures. Des esprits chagrins d'outre-Manche attribuent au développement de l'instruction les goûts de liberté que manifestent les jeunes ouvrières anglaises. Nous reviendrons sur cette opinion de nos voisins.

Dans beaucoup de pays, les garçons et les filles sont élevés en commun et par conséquent reçoivent la même instruction. Le plus souvent, on agit ainsi par raison d'économie, lorsque, à cause du peu d'importance de la population scolaire, on n'a qu'une seule école dans la commune, ou bien lorsque, les instituteurs faisant défaut, on est obligé d'employer des femmes, lesquelles tiendraient difficilement des écoles spéciales aux garçons. C'est précisément le cas des Etats-Unis d'Amérique, où le développement des écoles a coïncidé avec la guerre de Sécession qui retenait les hommes sous les drapeaux (comme nous le rappelle d'ailleurs M. l'Inspecteur général Leblanc dans son volumineux et intéressant rapport de l'Exposition de 1900) et où l'exploitation des richesses naturelles du pays offre tant de débouchés à l'activité masculine.

C'est surtout dans les « large cities » et dans les Etats les plus peuplés d'Amérique que dominent les institutrices. A Philadelphie elles sont 3.000, contre 200 instituteurs; dans l'Etat de Pennsylvanie, elles sont 18.000 contre 9.000 instituteurs; mais elles sont bien moins payées que ceux-ci.

Ajoutons qu'au « national Congress of mothers and teachers », tenu à Washington en mars 1902, la directrice de l'école Deaborn (Détroit), présidente de la Commission d'éducation, a tenu ce langage :

> C'est une épreuve redoutable pour n'importe quel pays, mais surtout pour les Etats-Unis où les écoles sont mixtes, que les générations nouvelles soient élevées uniquement par des femmes, que de borner ainsi l'horizon des garçons à un idéal féminin (the boys' horizon is bounded by feminine ideals).

En outre, certains Etats excluent les femmes mariées des écoles publiques, comme si le mariage était une déchéance pédagogique.

Néanmoins, c'est dans les Etats-Unis qu'il est fait le moins de différence entre l'éducation des deux sexes.

Les pays où l'éducation des filles est également en progrès sont la Suisse, la Belgique, la Hollande, la Suède, la Norvège, le Danemark.

Le Japon, l'Italie et les Républiques de l'Amérique du Sud développent en ce moment leurs écoles de filles.

Les contrées où l'instruction est plus ou moins négligée sont la Russie, le Portugal, la Chine. Dans ce dernier pays, à l'âge de dix ans, la jeune fille ne sort plus de la maison. L'institutrice ne lui a appris qu'à être polie, à écouter et à obéir : ce n'est pas là un gros bagage.

Dans les pays musulmans, on est hostile à l'instruction des filles.

3. — Législation générale.

Avant 1789, il n'était pas question, en France, d'enseignement national. C'était l'Eglise qui se chargeait d'instruire les filles des paysans, des ouvriers et même celles de la bourgeoisie. Il y avait ce qu'on appelait les « petites écoles », en assez grand nombre, il est vrai, mais peu fréquentées dans les villages pendant la saison estivale, peu fréquentées d'ailleurs en tout temps par les filles, parce que, dans la plupart des cas, surtout pour des raisons d'économie, l'école était mixte. D'ailleurs, comme les règlements épiscopaux ne favorisaient pas la fréquentation commune des garçons et des filles, celles-ci étaient naturellement sacrifiées. Les écoles spéciales de filles tenues par quelques congrégations enseignantes n'étaient que de simples garderies.

Dans la période révolutionnaire, de nombreux projets de lois, des décrets, qui ne furent presque jamais appliqués, marquent néanmoins, chez les hommes politiques de l'époque, une certaine préoccupation de donner aux filles une éducation moins rudimentaire : de 400 à 1.500 habitants, la commune devait avoir une école mixte (12 décembre 1792); au delà du dernier chiffre, l'école spéciale de filles est obligatoire. Cette école spéciale devient obligatoire dans toutes les communes par le décret du 3 brumaire an IV.

Sous le Consulat, l'Empire et la Restauration, on s'occupa très peu d'éducation populaire.

Toutefois l'ordonnance de 1816 maintenait l'interdiction des écoles mixtes et autorisait l'instituteur rural à recevoir les garçons le matin et les filles le soir.

En 1819, le Ministère de l'intérieur, dont l'Instruction publique n'était qu'une simple division, envoya aux préfets une circulaire recommandant de multiplier les écoles de filles : le préfet de la Seine publia alors un règlement spécial aux écoles de filles de Paris et des communes suburbaines.

La fameuse loi de 1833, qui organisait réellement l'enseignement primaire, était muette sur les écoles de filles; ce n'est qu'en 1836, qu'une ordonnance royale dota ces écoles d'une réglementation complète (écoles privées ou écoles communales) et sans rendre celles-ci obligatoires. La lettre d'obédience tenait lieu de brevet aux maîtresses religieuses.

Sous la seconde République, on peut mentionner les projets de *Carnot* et de *Barthélemy Saint-Hilaire*, qui supprimaient la lettre d'obédience ; mais déjà se préparait la loi de 1850, dite loi *Falloux*, dont le chapitre V était consacré aux écoles de filles. Toute commune de 800 âmes et au-dessus devait avoir au moins une école de filles. Ce chiffre fut ramené à 500 par la loi de 1867, qui donnait en outre au Conseil départemental le droit de déterminer les écoles auxquelles doit être attachée une *adjointe*.

La loi du 16 juin 1881 étendit l'obligation du brevet de capacité à toutes les institutrices et supprima, définitivement, la lettre d'obédience.

La loi de 1882 sur l'enseignement primaire obligatoire, en énumérant dans son article 1er les matières de cet enseignement, ne distingue pas entre les écoles de garçons et celles de filles, sauf pour les derniers paragraphes, où il est dit :

Pour les garçons : *les exercices militaires ;*

Pour les filles : *les travaux à l'aiguille.*

La réglementation actuelle est contenue dans la loi organique du 30 octobre 1886, et dans les décret et arrêté organiques du 18 janvier 1887.

Dans la loi organique, on trouve les dispositions suivantes :

Article 1er. — L'enseignement primaire est donné : 1° dans les écoles maternelles et les classes enfantines ; 2° dans les écoles primaires élémentaires ; 3° dans les écoles primaires supérieures et les cours complémentaires ; 4° dans les écoles manuelles d'apprentissage...

Art. 6. — L'enseignement est donné par... des institutrices dans les écoles de filles, dans les écoles maternelles, dans les classes enfantines et dans les écoles mixtes.

Dans les écoles de garçons, des femmes peuvent être admises à enseigner à titre d'adjointes, sous la condition d'être épouse, sœur ou parente en ligne directe du directeur de l'école.

Le conseil départemental peut permettre à un instituteur de diriger une école mixte, à condition qu'il lui soit adjoint une maîtresse de couture, et autoriser des dérogations (*conditions de parenté*) aux restrictions du second paragraphe.

ART. 7. — Nul ne peut enseigner avant l'âge de..... 17 ans pour les institutrices. — Nul ne peut diriger une école avant l'âge de 21 ans. — Nul ne peut diriger une école primaire supérieure ou une école recevant des internes avant 25 ans révolus.

ART. 9. — Toutes les classes de jeunes filles, dans les internats comme dans les externats primaires publics ou privés, tenus soit par des institutrices laïques, soit par des associations religieuses cloîtrées ou non cloîtrées, sont soumises, quant à l'inspection et à la surveillance de l'enseignement, aux autorités instituées par la loi (inspecteurs généraux, inspectrices générales ou départementales des écoles maternelles, recteurs, inspecteurs d'académie, inspecteurs de l'enseignement primaire, membres du Conseil départemental désignés à cet effet, maires, délégués cantonaux, médecins inspecteurs). — Dans les internats de jeunes filles l'inspection des locaux affectés aux pensionnaires et du régime intérieur du pensionnat est confiée à des dames déléguées par le Ministre.

ART. 11. — Lorsque la commune ou la réunion de communes compte 500 habitants et au-dessus, elle doit avoir au moins une école spéciale de filles, à moins d'être autorisée par le Conseil départemental à remplacer cette école spéciale par une école mixte.

ART. 15. — Sont mises au nombre des écoles primaires publiques donnant lieu à une dépense obligatoire pour la commune : 1° les écoles de filles déjà établies dans les communes de plus de 400 âmes ; 2° les écoles maternelles dans les communes de plus de 2000 âmes et ayant au moins 1200 âmes de population agglomérée ; 3° les classes enfantines confiées à des institutrices.

ART. 44. — Le Conseil départemental de l'enseignement primaire est composé ainsi qu'il suit : le préfet, deux institutrices publiques titulaires éligibles par leurs collègues.

ART. 62. — Les directrices et institutrices des écoles maternelles publiques sont assimilées aux institutrices publiques.

Dans le *Décret organique*, on trouve les dispositions suivantes :

ART. 2. — Les classes enfantines forment le degré intermédiaire entre l'école maternelle et l'école primaire. Elles ne peuvent exister que comme annexe d'une école primaire élémentaire ou d'une école maternelle. — Les enfants des deux sexes y sont admis depuis l'âge de 4 ans au moins à 7 ans au plus.

Art. 27. — L'instruction primaire élémentaire comprend : ..... les éléments, etc... du travail manuel (travaux d'aiguille dans les écoles de filles).

Art. 35. — L'instruction primaire supérieure comprend : ..... les travaux à l'aiguille, la coupe et l'assemblage pour les filles.

Art. 60. — Les années passées à l'école normale à partir de..... 17 ans pour les jeunes filles comptent pour la réalisation de l'engagement décennal et pour la supputation des années d'exercice.

Le *décret* du 16 janvier 1894 dit « qu'aucun pensionnat ne peut être annexé à une école primaire publique qui reçoit des enfants des deux sexes, sans une autorisation du Conseil départemental ».

Dans la *loi du* 19 *juillet* 1889, modifiée par celle du 25 juillet 1893 et par la loi de finances de 1903, on trouve ceci :

Art. 7. — Le traitement des..... institutrices est ainsi fixé : 5e classe : 1 100 fr. — 4e, 1 200 fr. — 3e, 1 400 fr. — 2e, 1 500 fr. — 1re, 1 600 fr.

Art. 11. — Les institutrices stagiaires reçoivent un traitement de 1 000 fr.

Ces traitements sont les mêmes jusqu'à la 4e classe, pour les instituteurs, qui reçoivent en 3e classe, 1 500 fr., en 2e, 1 800 fr. et en 1re, 2 000 fr.

Des projets, dus soit aux Amicales, soit à l'initiative parlementaire, prévoient l'égalité des traitements pour les instituteurs et les institutrices, ce qui, théoriquement, serait juste, car une tâche égale mérite un salaire égal ; mais il y a à compter d'abord avec les finances de l'Etat qui, actuellement, ne se prêteraient guère à une majoration importante des traitements féminins, et ensuite avec nos mœurs économiques qui repoussent, de moins en moins, il est vrai, mais qui repoussent encore, l'égalité des salaires pour l'homme et la femme.

Au point de vue pratique, il faut aussi considérer que les

institutrices, pour des raisons de santé ou des raisons de famille, s'absentent plus fréquemment que les instituteurs et que, pour les mêmes raisons, toutes ne donnent pas leur temps avec la même facilité aux œuvres extra- ou postscolaires.

Ce serait peut-être le cas d'examiner si les institutrices fatiguées et celles qui ont des occupations domestiques auxquelles elles ne peuvent se soustraire, ne pourraient pas sur leur demande et lorsque la situation scolaire le permettrait, — dans les écoles à plusieurs classes par exemple, — être chargées d'une partie des 30 heures de classe hebdomadaires et d'une partie des services de surveillance. Chaque maîtresse donnerait, autant que possible, les mêmes enseignements et elle n'aurait comme traitement que la partie du traitement total qui correspondrait à ses heures de présence.

Les professeurs des lycées, les professeurs spéciaux des écoles primaires exercent d'après un régime semblable. La seule difficulté est la combinaison des emplois du temps : elle n'est pas impossible à résoudre.

Beaucoup d'institutrices mariées seraient très heureuses de pouvoir ainsi disposer en faveur de leur intérieur familial, soit de la matinée, soit de la soirée, et les maîtresses âgées solliciteraient moins tôt leur pension de retraite. L'Etat, les familles, les institutrices trouveraient leur compte dans ces emplois de « demi-temps » que certaines administrations, celle des Postes notamment, ont déjà établis et qui, ainsi, n'enlèvent pas complètement la femme à son foyer.

ART. 8. — Les titulaires chargées de la direction d'une école à 3 ou 4 classes reçoivent un supplément de traitement de 200 fr. Ce supplément est porté à 400 fr. si l'école comprend plus de 4 classes.

ART. 9. — L'institutrice chargée d'un cours complémentaire reçoit un supplément de traitement de 200 fr. L'institutrice et la directrice doivent être pourvues du brevet supérieur.

Les institutrices pourvues du brevet supérieur peuvent être adjointes dans une école primaire supérieure ; si elles sont pourvues du certificat d'aptitude au professorat des écoles normales, elles peuvent prendre le titre de professeur ou devenir professeur d'école normale ou directrice d'école supérieure. Pourvues du certificat d'aptitude à la direction des écoles normales, elles peuvent diriger une école normale d'institutrices ou exercer les fonctions d'inspectrice primaire.

Toutefois que les institutrices ne voient pas un large débouché pour elles dans la carrière de l'inspection. Il y a bien quelques inspectrices en France : quatre inspectrices générales et une quinzaine d'inspectrices départementales chargées exclusivement des écoles maternelles; mais il y a à peine trois ou quatre inspectrices primaires.

Ce n'est pas ici le lieu de discuter s'il vaut mieux que les institutrices ait pour chef immédiat une inspectrice ou un inspecteur. Les inspectrices primaires ont été créées légalement, presque sans discussion, par l'article 22 de la la loi du 19 juillet 1889, citée plus haut. Le décret du 17 janvier 1891 a fixé leurs attributions, qui sont plus d'ordre pédagogique que d'ordre administratif. Le principal obstacle au développement des inspections féminines, c'est qu'il faut, pour chaque création d'emploi, supprimer un emploi d'inspecteur, réunir, « géminer » comme l'on dit présentement, deux circonscriptions et par conséquent doubler le territoire à parcourir. D'ailleurs, dans les grandes écoles, les institutrices sont déjà dirigées par une femme, la directrice, et il serait possible presque partout de trouver des femmes intelligentes et instruites qui, faisant partie de la délégation cantonale, voulussent bien prêter un concours pratique aux maîtresses et conseiller utilement l'inspecteur.

En ce qui concerne les examens, qui sont un peu les régulateurs des études, on trouve les dispositions réglementaires suivantes :

Brevet élémentaire. — Arrêté organique, article 147 (Epreuves de la 2e série).

Les aspirantes devront :

1° Exécuter un dessin au trait d'après un objet usuel. — Durée de l'épreuve : une heure.

2° Exécuter, sous la surveillance de dames désignées à cet effet par le recteur, les travaux à l'aiguille prescrits par l'article 1er de la loi du 28 mars 1882. — Durée de l'épreuve : une heure.

Certificat d'aptitude à l'enseignement du travail manuel. — Arrêté organique, article 197.

L'examen se compose : . . . .
pour les aspirantes :

1° D'une composition sur une question d'économie domestique (3 heures);

2° D'une composition de dessin d'ornement spécialement appliqué aux travaux d'aiguille ;

3° D'une épreuve pratique portant sur un ou plusieurs des exercices que comporte le programme de travail manuel pour les filles dans les écoles normales et les écoles primaires supérieures.

Examen du certificat d'aptitude à l'enseignement élémentaire des travaux de couture (pour les maîtresses dans les écoles mixtes dirigées par les instituteurs). — Arrêté organique :

Art. 222. — Une commission, composée d'un inspecteur primaire choisi par l'inspecteur d'académie ou de l'inspectrice départementale des écoles maternelles et de deux institutrices titulaires publiques du département désignées par l'inspecteur d'académie, est chargée d'examiner les aspirantes qui se sont fait inscrire au bureau de l'inspection académique, pour subir les épreuves du certificat d'aptitude à l'enseignement élémentaire des travaux de couture.

ART. 223. — Ces épreuves ont lieu aux époques fixées par l'inspecteur d'académie. La date en est annoncée, au moins un mois à l'avance, par la voie du *Bulletin départemental*. Les aspirantes doivent se faire inscrire huit jours au moins avant la date fixée pour les examens; elles déposent, avec leur demande d'inscription, écrite de leur main et signée, leur acte de naissance.

ART. 224.— L'inspecteur d'académie fait parvenir à l'inspecteur primaire ou à l'inspectrice départementale qui préside la commission, la veille de l'examen au plus tard, un pli cacheté contenant le sujet des épreuves. Ce pli est ouvert en présence des aspirantes.

Les travaux de couture à exécuter par les aspirantes sont choisis dans le programme du cours moyen et du cours supérieur des écoles primaires élémentaires. La durée des épreuves est de deux heures.

ART. 225.— Chacune des épreuves est appréciée par une note variant de 0 à 20. La note 10 au moins ou moyenne est nécessaire pour l'admission. La note 0 pour l'une quelconque des épreuves entraîne l'élimination.

ART. 226. — Après la clôture des examens, la commission dresse, par ordre alphabétique, la liste des aspirantes qu'elle juge dignes du certificat d'aptitude.

Cette liste est soumise à l'approbation de l'inspecteur d'académie, qui délivre les certificats.

Certificat d'études primaires.— Arrêté organique :

ART. 256.— Les épreuves écrites comprennent :

. . . .

3° Pour les jeunes filles un travail de couture usuelle sous la surveillance d'une dame désignée à cet effet.

DEUXIÈME PARTIE

LE FÉMINISME

1. — Considérations générales.

Il y a des gens qui professent une franche aversion pour les mots en *isme*. A cet égard le mot *féminisme* n'a pas d'immunité. Qu'est-ce donc que le féminisme? L'expression ne se trouve ni dans le dictionnaire de l'Académie ni dans le dictionnaire Littré. On l'attribue à Fourier, qui voyait dans l'extension des privilèges de la femme une grande cause de progrès social. D'abord ce néologisme représente-t-il une chose nouvelle? Non, évidemment, car un de nos meilleurs critiques a dit que « l'éternel féminisme était contemporain de l'éternel féminin ».

C'est ainsi que le *Courrier français* de 1855 exhale les plaintes suivantes, que l'on pourrait croire, à part quelques idées admises présentement, écrites hier seulement :

De nos jours, les femmes ont déserté le foyer domestique, l'intimité sévère du mariage, le sanctuaire de leur pieuse maison, pour se hasarder partout comme des hommes, pour courir au milieu des passants, pour manier le pinceau, la plume, la parole, l'épée; pour faire de la poésie, de la musique, de la peinture, des pamphlets, des pétitions, des journaux, des mélodrames! Maintenant les femmes parlent et s'occupent de tout excepté de ce qui les regarde; elles spéculent sur les chemins de fer et confient la dot de leur fille au gaz ou à la vapeur; elles savent jouer à la Bourse et ont l'audace de s'y ruiner.... Encore une fois les femmes ne se dévouent plus pour une idée, pour un sentiment, pour un devoir : elles parlent, elles pensent, elles agissent, elles vivent pour elles seules.

Le féminisme est la tendance que, dans tous les temps et dans beaucoup de pays, certains esprits ont eue à améliorer la situation de la femme dans la société ; de nos jours, c'est particulièrement la doctrine qui réclame pour la femme, dans l'ordre économique, social, voire même politique, des droits plus ou moins identiques à ceux dont jouissent les hommes.

Le féminisme croit, en général, que depuis les temps primitifs l'évolution sociale s'est faite au profit de l'homme et que le moment est venu de faire rattraper à la femme le temps perdu.

Or, dans les choses humaines, on ne peut pas affirmer qu'il y ait toujours eu partout un progrès général et continu. Il est certain que chez les peuples sauvages de toutes les époques, les femmes, non protégées par le mariage, jouissent d'une certaine indépendance, subviennent à leurs propres besoins et à ceux de leurs enfants, prennent part, quand il le faut et qu'elles le peuvent, à tous les travaux des hommes, même à ceux de la guerre : c'est bien là de l'égalité, tout au moins dans les droits, sinon dans les charges, plus lourdes aux femmes qu'aux hommes.

Toutes les législations ont visé l'atténuation de ces charges et notamment la participation de l'homme à l'entretien des enfants ; l'institution du mariage n'a jamais eu d'autre but. Aussi, dès que chez une nation les mœurs deviennent plus douces, voit-on que la femme, en vertu de la division du travail, se réserve les tâches les moins rudes. Il y a des civilisations antiques, comme celle de l'Egypte, par exemple, où la femme, d'après ce que nous en savons par l'histoire et par les dessins et inscriptions funéraires, était parfaitement traitée. On la voit : jeune, parée de bijoux et de fleurs; adulte, occupée aux travaux de l'intérieur, prenant place à côté de l'homme dans les cérémonies, admise aux fonctions sacerdotales ; vieille, l'objet de la vénération des enfants... Or qu'est actuellement la condition sociale d'une Egyptienne? Celle que d'ailleurs l'islamisme a faite à la femme.

En réalité, à l'origine de toutes les sociétés, on ne trouve qu'une sorte de chaos, d'où ces sociétés sont sorties plus ou moins vite et dans lequel quelques-unes sont retombées.

La mythologie nous apprend pourtant que les anciens n'avaient pas une bien mauvaise opinion de la femme, puisque leur symbolisme attachait presque toujours l'idée d'une femme à l'idée d'une providence ; *Flore*, *Cérès*, *Pomone* régnaient sur les productions de la terre ; les *naïades* se tenaient au bord des fontaines ; la *dryade* veillait sur les forêts ; *Vénus*, *Junon*, *Diane* représentaient la beauté, *Minerve* la sagesse, *Vesta* la chasteté ; l'*Isis égyptienne*, la belle Isis, personnifiait l'Egypte elle-même.

Les *fées* étaient des femmes. On attribuait en outre aux femmes une certaine facilité à communiquer avec les esprits (*sibylles*, *pythies*, *pythonisses*, dont le spiritualisme supérieur des Juifs avait fait des *prophétesses*).

La Bible nous apprend que la femme israélite comptait bien pour quelque chose. Le code de Moïse veut cette femme au foyer, chaste et honorée.

Dans l'*Inde antique*, la femme dépendait successivement de son père, de son mari, et, celui-ci mort, de ses fils. En *Grèce*, enfermée dans le gynécée, elle dépend encore de l'homme, bien que Thémistocle ait pu dire par le mot que l'on connaît, qu'il plaçait sa femme comme autorité au-dessus de lui, mais au-dessous de son fils. L'hétaïre ou courtisane, seule, avec ses mœurs libres, la variété de ses entretiens, possédait une certaine culture, plus brillante et variée que solide. Remarquons pourtant que les femmes spartiates étaient stoïques et patriotes et qu'elles étaient maîtresses au logis... mais au logis, il n'y avait que les esclaves.

A *Rome*, la femme est encore en tutelle et en sujétion sous l'autorité absolue du père, et si la matrone est honorée, c'est surtout comme gardienne des dieux lares. On sait aussi que lorsque les femmes romaines, par suite d'un relâchement de la loi, arrivèrent à s'affranchir, peu habituées à la dignité et à la responsabilité, elles affichèrent une insolence, un luxe, une débauche même, qui exigèrent des mesures répressives. Ajoutons que, s'il y a à cette époque des Messaline, il y avait eu avant des Lucrèce et des Véturie, et que plus tard il y aura dans l'empire d'Orient la belle et savante Hypatie qui professa avec éclat à Alexandrie la philosophie et les mathématiques et qui mourut, jeune encore, victime de la fureur populaire.

Le *christianisme* a relevé la condition de la femme vis-à-vis de l'homme : dans le mariage, érigé en sacrement et déclaré indissoluble, la fidélité est également prescrite à tous deux. Le christianisme, héritier du judaïsme et de Rome, n'avait néanmoins qu'une médiocre estime de la nature féminine, et bien que, par le culte de Marie, il ait élevé un autel à la chasteté et à la maternité, il ne plaçait pas cette maternité, triomphe de la femme, au-dessus du célibat. En somme, le droit canonique ne fut pas favorable à l'émancipation de la femme.

Chez les *Germains* et les *Gaulois*, on respectait la femme comme quelque chose de divin. Des vierges étaient consacrées aux cérémonies du culte. On emmenait les femmes à la guerre, persuadé que leur présence porterait bonheur ; quelques *druidesses* vénérées ou quelques héroïnes combattaient avec les guerriers ; mais la plupart gardaient le camp.

De toutes ces mœurs, de toutes ces circonstances, s'est formée notre civilisation du *Moyen Age*, où, malgré la galanterie chevaleresque et les prérogatives de la dame, celle-ci était plus courtisée que respectée. Quant aux serves, il vaut mieux n'en pas parler.

Avec la *Renaissance* et la *Réforme*, les mœurs sont plus favorables à la femme. Pourtant la grande dame de la cour de Louis XIV, à laquelle on adresse toutes sortes de madrigaux, mais qui est esclave de l'étiquette et qui court le risque d'être honorée des faveurs du roi, n'est pas encore dans une situation bien relevée.

L'égalité civile entre les deux sexes est due à la *Révolution* : avec la suppression du droit d'aînesse et avec l'égalité successorale, la femme conquiert une indépendance et une dignité réelles. Si elle reste fille — et elle peut le rester — elle est absolument libre ; si elle se marie — et personne ne peut l'y forcer — elle abdique une partie de sa liberté ; mais, en revanche, elle est légalement protégée ainsi que ses enfants. Il est vrai que la Révolution n'a pas donné à la femme tous les droits de l'homme en matière sociale et économique et qu'elle lui a refusé les droits politiques. Les féministes voient une injustice dans cette restriction, et ils désirent la faire cesser. Leur thèse a un fort point d'appui dans les doctrines d'idées individualistes dont s'est inspirée presque toute la littérature contemporaine.

Dès 1791, une des premières féministes, la fameuse *Olympe de Gouges*, dans sa *Déclaration des droits de la femme et de la citoyenne*, affirme que *la femme a le droit de monter à la tribune puisqu'elle a celui de monter à l'échafaud*. C'est elle qui prend l'initiative de toutes les revendications modernes, lorsqu'elle affirme que « toutes les citoyennes doivent être, comme les citoyens, admissibles à toutes les dignités, places et emplois publics ». Et la malheureuse fut envoyée à la guillotine par Robespierre. Elle eut pour émules : en féminisme raisonnable et, malheureusement, en fin tragique, cette *Mme Roland*, « qui a l'enthousiasme, non l'ivresse de la Révolution »; en féminisme exubérant, cette *Théroigne de Méricourt*, qui fonde la société fraternelle des deux sexes, et nombre d'autres grandes dames en coquetterie avec les Assemblées ou la Convention.

Le gouvernement de Napoléon calma ce qu'on appelait « les raisonneuses ».

Il est inutile de rappeler le nom de plusieurs femmes écrivains, conférencières qui, depuis les saint-simoniennes jusqu'à nos jours, soutinrent, avec plus de fougue que de succès, les idées féministes. Les exagérations du milieu du dix-neuvième siècle ont fait place, à la fin de ce siècle, à un système plus adouci. Recherchant la société des gens raisonnables et de tenue décente, le féminisme est allé frapper discrètement aux portes des belles « madames », qui l'ont accueilli et l'ont patronné auprès des messieurs aimables et haut cravatés. Le féminisme a usé d'opportunisme. Des écrivains distingués ont mis leur talent à son service...

L'Amérique lui a fait une large place. Le nord de l'Europe lui est favorable. Le *Conseil international des femmes*, que préside lady Aberdeen, l'épouse du gouverneur du Canada, la *Fédération libérale des femmes*, que Mme Gladstone, la veuve du « great old man », dirigea assez longtemps, prouvent assez que le féminisme a de hauts patronages à l'étranger. D'ailleurs le Congrès des œuvres féminines de l'Exposition de 1900 comprenait beaucoup de dames étrangères (50 allemandes, 56 anglaises, 12 autrichiennes, 19 belges, 51 américaines, 43 russes, etc.).

En France, une des femmes qui ont le plus fait pour la doctrine féministe opportuniste est *Maria Deraismes*, cette publiciste, conférencière, fondatrice et présidente de l'*Association pour l'amélioration du sort de la femme*, qu'un père médecin et libre-penseur avait élevée dans l'esprit des méthodes positivistes. Elle sut tenir bon contre les impatiences des « avancées ». Depuis la mort de Maria Deraismes (1894), sa sœur, Mme Féresse-Deraismes, dirige le mouvement dans le même sens. C'est elle qui, présidente d'honneur du Congrès de 1900, disait : « Le féminisme pratique, raisonnable, courageux, doit conquérir tous les esprits et toutes les consciences ! » Personnellement nous connaissons des femmes, disciples de Maria Deraismes, dont la haute culture intellectuelle, le sens pratique et la bonté attirent au féminisme.

Mais à côté de ces femmes prudentes, avisées, que de grotesques ou de sinistres figures, depuis les « tricoteuses » de 1793, en passant par les « pétroleuses » de 1871, n'a-t-on pas vues jusqu'à nos jours !

C'est surtout la note grotesque qui domine.

Depuis qu'Aristophane a mis sa *Lysistrata* sur la scène, la « révolte du cotillon » a presque toujours été plaisantée plus ou moins agréablement. C'est ce qui faisait dire à Alexandre Dumas fils « *que l'émancipation de la femme par la femme était une des joyeusetés les plus hilarantes qui soient nées sous le soleil...* »; à Schopenhauer : « *que la plus belle moitié du genre humain avait des cheveux longs et des idées courtes* » ; à d'autres : « *qu'une Eve nouvelle se lève contre l'Adam héréditaire... que la poule meurt d'envie de chanter devant le coq... qu'on est en train de nous faire un troisième sexe ou plutôt l'insexuel... que ces femmes féministes grotesques veulent un suicide collectif... que nous sommes à l'âge critique de la femme intellectuelle.* »

Que les hommes en plaisantent ou s'en affligent, il y a bien ce qu'on appelle « le duel des sexes »... Il y a des misanthropes et des misogynes, et les éducateurs, surtout les éducatrices, doivent se préoccuper de cet antagonisme.

Jamais, dit Mme Anna Lampérière, le malaise n'a été plus aigu; l'homme et la femme, ces deux portions d'êtres destinés à créer ensemble, s'observent en adversaires, se redoutant et se bravant mutuellement... On se jette des volumes à la tête pour démontrer réciproquement que la cause de tout le mal c'est ici « la loi de l'homme », là les « révoltes de la femme ».

Il est donc temps de laisser de côté... « les vierges soldats », les « androgynes », les « amazones », et d'examiner si la femme n'a pas raison de ne plus vouloir servir exclusivement « d'idole aux artistes, de muse aux esthètes, de mannequin aux couturiers ».

De nombreuses sociétés se sont fondées pour diriger l'éducation féminine dans un sens plus ou moins rationnel. Il y a des œuvres chrétiennes, des œuvres protestantes, des œuvres israélites. C'est dire que les écoles publiques et les écoles privées, qui ont à commencer et quelquefois à achever cette éducation, ne peuvent rester indifférentes aux manifestations féministes. Ce sont elles, peut-être, qui seront appelées à régulariser le mouvement et à en coordonner les efforts.

Nous allons examiner, sommairement, les revendications féministes à différents points de vue : intellectuel, économique, civil, politique, social.

2. — Revendications intellectuelles.

Les femmes réclament leur élévation spirituelle, ou demandent plutôt qu'on leur ouvre toutes les portes des écoles et des facultés où pénètrent les hommes. Certainement une femme a le droit d'être instruite autant qu'un homme, mais il n'est pas nécessaire qu'elle le soit comme un homme. Quand on a terminé ses études, à treize ans ou à dix-huit ans, ce que l'on sait de science livresque suffit pour passer les examens des certificats d'études primaires, des baccalauréats ou des diplômes d'études secondaires, mais c'est bien peu de chose pour la conduite de la vie. Si, à trente ou quarante ans, on nous obligeait à subir, sans nouvelle préparation, les mêmes examens, nous serions souvent bien embarrassés. Demandez à un astronome ce qu'il sait d'histoire littéraire, ou à un avocat ce qu'il sait de géométrie; ils vous répondront souvent : « Pas grand'chose », bien qu'ils aient, dans leur jeunesse, subi, avec succès peut-être, des examens sur ces matières. Il y a des gens qui vous disent fréquemment : « Quand je faisais ma médecine, mon droit,.. », et à qui vous ne confieriez pas votre petit doigt à soigner, ni de petits comptes à régler. Il n'y a pas ce qu'on pourrait appeler un savoir général, et, s'il y en avait un, il ne vaudrait pas le savoir-faire. Le savoir spécial ne s'acquiert ni par des inscriptions ni par des présences à des cours; il s'acquiert par une application soutenue, par des efforts prolongés. Ce qu'il faut à la femme comme à l'homme, c'est que l'instruction ne soit pas une fin, c'est qu'elle soit un moyen d'éducation personnelle et professionnelle.

Les femmes revendiquent l'instruction surtout comme un moyen de disputer à l'homme les fonctions de la vie sociale.

Malheureusement, en conférant un brevet à une femme, on ne lui donne pas un emploi... Les femmes docteurs meurent de faim, et le barreau ne fait pas vivre les avocates.

Ce n'est donc pas une instruction semblable à celle qu'on donne actuellement aux hommes que les femmes doivent réclamer. Il leur faut, si vous voulez, des « clartés de tout », mais non des « obscurités ». Il faut que les filles du peuple soient instruites et bien élevées, mais instruites et élevée en vue de leur destination d'épouses et de mères. Quand toutes les jeunes filles qui sortiront de nos écoles seront instruites, bien que peut-être non brevetées et point pédantes, quand elles seront disposées à se servir de leur science pour aider un mari et non pour l'écraser ou l'irriter de leur prétendue supériorité intellectuelle, les jeunes gens, au lieu de considérer le mariage comme une lourde chaîne, y verront l'asile de leur bonheur. Et que l'on ne pense pas que, si les filles du peuple reçoivent une belle éducation, les travailleurs, les prolétaires redouteront de s'associer à elles! Ces travailleurs, au contraire, s'efforceront de se rendre dignes d'elles, et nous obtiendrons ainsi, par l'instruction de la femme, le relèvement de l'homme et de la famille.

Mais toutes les femmes ne peuvent pas ou ne veulent pas se marier. Il est bien juste qu'avant le mariage, en dehors du mariage, ou dans le veuvage, la femme qui se sent des goûts littéraires, scientifiques ou artistiques puisse, dans notre société, les développer facilement et même en tirer un moyen d'existence.

Toutefois qu'on ne s'y méprenne pas : le développement de l'intelligence ne correspond pas toujours au degré de l'instruction générale que l'on possède ni à l'application que l'on met à une même besogne intellectuelle. La femme qui, dans sa maison, emploie ses forces physiques et les ressources de son esprit à des travaux utiles et variés devient plus intelligente que celle qui exerce une profession et est souvent plus intelligente aussi que son mari, ouvrier ou employé, que la division du travail condamne à des occupations uniformes.

3. — Revendications économiques.

Actuellement, le jeune homme qui veut se marier a la prétention de ne pas prendre une charge nouvelle; presque toujours ses ressources de célibataire sont employées à satisfaire des besoins qu'il ne peut abandonner après le mariage. Alors qui nourrira la femme et les enfants? C'est pourquoi les candidats au lien conjugal commencent par s'enquérir de la valeur de la dot, et, à défaut de dot ou quand la dot, en vertu de l'abaissement du taux de l'intérêt, ne paraît pas suffisante, du salaire que la future peut apporter comme ouvrière, employée, fonctionnaire, etc.

La femme qui a une dot assez importante se croit dispensée d'être une bonne ménagère, et la femme employée au dehors est effectivement empêchée d'être cette bonne ménagère. C'est pourquoi, dans les deux cas, le ménage va comme il peut, sans direction, souvent sans affection et par conséquent sans soutien.

« La peste du foyer moderne, dit un économiste, est l'épouse dotée. » D'autre part, le travail de la femme à l'extérieur est dangereux pour la famille, car il retire la femme du foyer domestique dont elle est l'âme, et il fait au travail de l'homme une concurrence terrible qui, en raison de la loi économique de l'offre et de la demande, abaisse les salaires.

C'est ainsi qu'autrefois les bons dessinateurs industriels gagnaient facilement à Paris 15 francs par jour. Depuis que les femmes artistes ont accepté de les remplacer au rabais, à 5 francs, le salaire des hommes est tombé à 10 francs. Et si, maintenant, un homme et une femme dessinateurs s'épousaient, le ménage n'aurait pas plus de ressources qu'au temps où l'homme travaillait seul au dehors, la femme se consacrant à la bonne tenue de la maison et élevant les enfants.

Les progrès de l'industrie simplifient et facilitent la tâche de l'ouvrier; aussi, lorsqu'on emploie une femme, c'est parce qu'elle peut remplir cette même tâche simplifiée et qu'elle accepte un salaire moindre, conséquence de la simplification.

L'ouvrière mariée qui travaille au dehors perd souvent son temps et son argent. Si cette ouvrière gagne 3 francs par jour, elle rapporte, il est vrai, 18 francs à la fin de la semaine; mais qu'est devenu le ménage, ses enfants, son mari, pendant qu'elle était à l'atelier? Chaque semaine, il y a des achats exceptionnels à faire. S'il a fallu acheter, par exemple, un habillement de 30 francs à l'un des enfants, la femme restant à la maison et préparée comme il convient à ses fonctions aurait pu, avec 10 francs de drap, confectionner cet habillement et, par conséquent, récupérer largement le gain hebdomadaire d'une ouvrière; et, en outre, elle se serait appartenue, elle aurait soigné toute la famille et évité bien d'autres dépenses.

Le mari qui pense que sa femme doit contribuer à la création des ressources de la famille par sa dot ou son gain personnel commet une erreur économique, car le travail de la femme dans le ménage épargne certainement beaucoup de dépenses et procure plus de satisfactions que son gain extérieur n'en représente. Lorsque la femme, absente du foyer, est suppléée par une servante, celle-ci, même sans faire danser l'anse du panier, ne tient pas le ménage avec le même soin et ne serre pas les cordons de la bourse avec la même fermeté que la vraie maîtresse de maison. La femme mariée qui reste chez elle est donc économiquement parlant une associée; elle n'est pas une assistée.

En réalité, c'est que nous sommes à une époque où l'individualisme devient véritablement monstrueux : l'homme veut sa jouissance personnelle du dehors; la femme trouve qu'il est plus commode et plus agréable d'aller à l'atelier, au magasin, au bureau, que de s'occuper de cuisine, de blanchissage, de raccommodage; c'est aussi pour elle l'occasion de faire un peu de toilette, d'avoir plus d'indépendance, de flirter, au besoin, à l'instar de l'homme, plus aisément. Et pendant ce temps, on envoie les enfants en nourrice, à la crèche, à l'école maternelle, aux garderies des écoles primaires; chacun mange de son côté dans les restaurants, c'est-à-dire que les instants où la famille est réunie sont si rares que la famille n'existe point. On est alors obligé de faire au dehors des dépenses considérables, et on met les municipalités et l'Etat dans la nécessité de créer des services publics très coûteux, que l'on paye également sous forme d'impôts.

On voit que le travail extérieur de la femme mariée est nuisible aux intérêts économiques de la famille; il l'est également au bien-être de chacun des membres de cette famille, et il contribuera à l'affaiblissement et à la diminution de la race.

Mais il n'y a pas que des femmes mariées. Dans les pays d'Europe où la polygamie n'est pas permise il naît beaucoup plus de femmes que d'hommes, 7 millions de plus, paraît-il. Il faut bien que ces femmes-là vivent; il faut bien aussi que les jeunes filles vivent avant le mariage, que les veuves vivent et élèvent leurs enfants.

Il est donc nécessaire que la femme puisse travailler comme l'homme : pour elle comme pour lui, le droit au travail est un droit sacré. D'ailleurs il y a des professions qui ne peuvent être exercées que par des femmes : soins de la première enfance, enseignement spécial des filles, couture, modes, etc.

Pourquoi donc les femmes ne seraient-elles pas admises à tenir des emplois qui leur conviennent mieux qu'aux hommes, à tenir ces emplois sédentaires qui n'exigent aucune force musculaire, qui demandent simplement un peu d'intelligence, d'attention, de dextérité? L'homme a mieux à faire que d'essuyer des plumes et de tailler des crayons.

Néanmoins, que les femmes ne cherchent pas à faire concurrence aux hommes dans les emplois qui conviennent à ceux-ci et où ceux-ci sont déjà trop nombreux.

Ainsi, on a bien fait, selon nous, de permettre aux femmes d'exercer la profession de médecin ou d'avocat. Mais vraiment une femme pourrait-elle, à la campagne, aller soigner les malades par tous les temps et à des distances souvent considérables? Dans les villes beaucoup de médecins n'ont pas de clientèle. Il ne resterait guère aux doctoresses que la ressource d'aller exercer dans les harems orientaux, où les hommes ne sont pas admis, et y remplacer des praticiennes ignorantes. En ce qui concerne les avocats, bien que le Parlement en fasse une consommation déjà effrayante, il en reste encore trop qui ne peuvent utiliser leur talent.

Dans la concurrence économique, il ne faudrait pas compter sur la galanterie des hommes. La lutte serait impitoyable et les femmes seraient certainement sacrifiées.

Mais partout où les femmes sont admises à travailler, il est juste que leur salaire soit équitable. A travail égal, salaire égal. Jusqu'à ce jour, le travail de la femme n'a pas été rémunéré convenablement, parce qu'il a été considéré comme un appoint. *A travail égal*, dit la formule : malheureusement, la femme n'a pas la résistance physique de l'homme, de sorte qu'en toutes choses, on préférera toujours, sinon comme qualité, du moins comme quantité, le travail masculin au travail féminin, sauf dans certaines professions libérales, comme celle de l'enseignement, par exemple, où pourtant il faut encore admettre qu'en moyenne, les institutrices s'absentent plus fréquemment que les instituteurs.

Mais, dans l'ordre matériel, on préfère un cuisinier à une cuisinière, un valet de chambre à une femme de chambre, quand l'un ou l'autre sexe ne s'impose pas. Dans la couture, les femmes avouent que pour la confection des costumes de drap, elles ne peuvent lutter avec les hommes. Dans les usines, les maisons de commerce, les travaux les plus durs sont généralement confiés aux hommes. Ajoutons que, s'il y a des professions qui conviennent mieux aux femmes, il y en a d'essentielles qui ne peuvent être remplies que par les hommes.

Actuellement les salaires féminins sont encore trop vils : on estime que la journée moyenne ne vaut que 2fr,20, tandis qu'elle atteint plus de 4 francs pour les salaires masculins. L'économiste Leroy-Beaulieu constate que la différence s'affaiblit avec le temps; mais il n'affirme pas qu'elle disparaîtra totalement. La péréquation des traitements féminins et des traitements masculins ne s'obtiendra jamais que dans les administrations, lesquelles ne demandent pas mieux que de la faire à condition qu'on leur donne l'argent nécessaire.

Le législateur s'est un peu occupé du travail extérieur de la femme. La loi du 29 décembre 1900, qui exige un siège (tabouret, chaise ou strapontin) pour l'ouvrière ou l'employée condamnée à la station droite, est une loi bienfaisante.

La loi du 2 novembre 1892 indique certains travaux auxquels les femmes ne peuvent être employées; elle limite les conditions de travail diurne ou nocturne auquel elles peuvent se livrer : c'est ainsi que l'ex-journal quotidien *la*

Fronde, organe du féminisme, qui ne devait employer que des femmes pour la composition, le tirage, le pliage, éprouva des difficultés, du fait de la loi, à appliquer strictement son principe d'exclusion masculine.

Il y a des adversaires de cette protection excessive de la femme ouvrière. M. Passy nous cite les marchands de volailles de Paris, qui éprouvent également des difficultés à utiliser, de neuf heures du soir à deux heures du matin, des femmes pour plumer, vider, apprêter les poulets. Or, ces femmes gagnaient 6 francs pour ce travail, et pouvaient se coucher à l'heure où la plupart des mondaines vont au repos, ce qui ne les empêchait pas de soigner leur ménage pendant au moins une demi-journée.

On le voit, la question des revendications économiques de la femme est une question complexe.

En résumé, nous pensons que la femme a le droit de travailler comme bon lui semble, mais qu'elle devrait comprendre qu'elle ne peut cumuler la charge d'un ménage et celle d'une profession l'éloignant toute la journée de sa maison; que les industriels et les commerçants devraient lui laisser la faculté de ne faire au dehors qu'un certain nombre d'heures de travail correspondant au temps dont elle peut disposer ou bien lui procurer du travail à domicile.

Il s'est déjà formé des sociétés qui cherchent à réaliser ce dernier desideratum.

4. — Revendications civiles.

C'est dans l'ordre civil que les revendications féministes de ces derniers temps ont été le mieux accueillies par le législateur : la loi du 8 décembre 1897 confère aux femmes le droit d'être témoins dans les actes de l'état civil et dans les testaments; celle du 23 janvier 1898 leur accorde l'électorat pour les juges des tribunaux de commerce.

On accepte maintenant les femmes dans les délégations cantonales et dans les conseils d'administration des bureaux ou des établissements de bienfaisance.

Mais les féministes portent surtout leurs efforts du côté de l'émancipation de la femme dans le mariage... ils prétendent que le Code civil assimile la femme mariée « au fou, au mineur, à l'interdit ».

En réalité le Code civil dit « que la femme doit obéissance à son mari »; mais il dit aussi et avant « que le mari doit protection à sa femme » (art. 213) : c'est la contre-partie. Dans l'article précédent (212), il les place sur le pied d'égalité dans la triple obligation mutuelle de « fidélité, de secours et d'assistance ». En réalité, le mari est le maître, et sa femme doit le suivre; il administre les biens de la communauté ou ceux de sa femme; celle-ci ne peut être marchande ou remplir certaines fonctions qu'avec son autorisation... Evidemment, tout cela paraît bien dur pour la femme, et il faut que le Code ait des fondements bien solides pour résister sur ce point aux assauts des féministes.

D'abord, il est assez naturel que, dans une association, il y ait un chef... Mais ce chef légal est-il, dans la pratique, si terrible qu'on veut bien le dire? Est-ce qu'il n'y a pas des femmes qui « portent la culotte »? qui « mènent *le bon garçon* par le bout du nez »? Les Normands, qui passent pour être fins, disent du mariage : « C'est une femme de plus et un homme de moins. » Très souvent « l'homme s'agite et la femme le mène », quelquefois pour le bien de tous les deux.

Le seul cas intéressant, c'est celui du mari indigne, du mari qui ne remplit pas ses obligations, qui dissipe le patrimoine commun. Mais il y a bien aussi des femmes indignes, des paresseuses, des coquettes, des dépensières.

Il faut toutefois reconnaître que, surtout dans la classe ouvrière, la femme a souvent à souffrir d'un époux débauché, qui lui laisse toutes les charges de la famille, qui vendra tous ses meubles, qui peut même lui enlever le produit de son travail, car le mari a un droit sur le salaire de la femme. Il serait utile que, sur ce point spécial, la législation fût un peu modifiée... Il y a déjà quelque amélioration dans la faculté qu'a la femme de faire, sans l'autorisation du mari, des versements à la caisse d'épargne ou à une société de secours mutuels.

Le mari a même le droit d'empêcher sa femme de travailler : celle-ci aurait mauvaise grâce de se plaindre de cet empêchement, lorsqu'il s'agit d'un travail pénible et si elle a la vie assurée; mais, lorsqu'il s'agit d'un travail artistique, la femme doit réellement souffrir de ne pouvoir pratiquer son art.

5. — Revendications politiques.

Dans une proclamation à tous les parlements étrangers, le parlement de l'Etat de Wyoming (un des Etats de l'Union américaine les plus élevés, géographiquement parlant, et de fondation récente) a affirmé que le suffrage politique féminin, qu'il possède depuis plus d'un quart de siècle, a assuré la paix, banni la criminalité, éteint le paupérisme et le vice. Cela a dû faire rougir de honte les parlementaires de la vieille Europe.

Il ne s'agit plus ici de troubler les familles. Il s'agit de savoir si une célibataire qui paye des impôts, si une femme commerçante qui paye une patente, si une mère de famille qui a la responsabilité de l'éducation des enfants et qui doit pourvoir à la subsistance des siens, a le droit d'émettre son avis comme électrice municipale, surtout en ce qui concerne les questions fiscales, les questions d'organisation communale (écoles, viabilité, marchés, etc.).

Il s'agit de savoir encore si dans une démocratie, où les femmes sont aussi instruites que les hommes et où l'on admet qu'un illettré vote comme un savant, un domestique comme son maître, une femme ne peut pas voter comme son mari.

Dumas fils, qui n'est pas tendre pour la femme, dit pourtant quelque part que Jeanne d'Arc, qui a sauvé la France, ne pourrait voter pour les conseillers municipaux de Domrémy. Et quand on réfléchit à cette situation qu'une institutrice, au point de vue électoral, est moins que le dernier des manœuvres, on est frappé de l'injustice de cet ostracisme politique. Dans ce dernier cas, c'est évidemment la question de l'adjonction des capacités qui serait soulevée. De bons esprits pensent que ce serait un grand bien qu'elle fût résolue favorablement pour les femmes.

En Suède, où l'électorat municipal est basé sur les contributions, la femme dispose d'un certain nombre de voix, si elle est contribuable, si elle est Suédoise, et si elle est de bonnes mœurs. Dans la Nouvelle-Zélande, aux antipodes il est vrai, l'accession des femmes aux fonctions municipales a eu pour conséquence heureuse de restreindre la vente des boissons alcooliques, ce qui, en France, ne serait pas du goût de ces grands électeurs qu'on appelle les marchands de vins.

Henry Fouquier a dit des femmes « que si elles avaient la tribune, elles perdraient le salon, que si elles avaient le club, elles perdraient le foyer » ; on a dit aussi que l'électorat entraînait l'éligibilité.

En France on se contenterait, je crois, de l'électorat municipal et législatif ainsi que de l'éligibilité communale. Pour voter, pour donner un avis au conseil municipal, la femme ne perdrait pas le titre de « fine Egérie du foyer », et les mères auxquelles on arrache des fils pour les envoyer mourir à la frontière auraient au moins le droit de savoir pourquoi on les leur ravit.

Il paraît qu'au Canada, où il y a bien quelque hérédité française, la femme ne demande pas à voter ; elle est très satisfaite de l'influence anonyme qu'elle exerce dans les affaires et qui est si puissante, dit un homme d'Etat canadien, qu'on l'écoute même lorsqu'elle ne mérite pas d'être écoutée... Heureux peuple !

6. — Revendications conjugales.

Les féministes ardents demandent aussi l'égalité de l'homme et de la femme dans la famille, c'est-à-dire que le mariage devienne une simple association d'intérêts. On connaît déjà les associations commerciales, où règne la défiance réciproque : ce n'est pas à cela que doit tendre le mariage.

On prétend que la loi, qu'on représente pourtant une balance à la main, est plus sévère pour les fautes de la femme que pour celles du mari, notamment à propos de l'adultère. La loi condamne l'adultère ; mais, dans l'application des peines, les jugements sont plus durs pour l'épouse infidèle que pour l'époux, et c'est justice. Le mariage est étroitement lié à l'honneur du mari, à la dignité de la femme et à l'avenir des enfants. Que deviennent cet honneur, cette dignité, cet avenir dans le cas où la femme trompe le mari? La femme qui introduit un sang étranger dans la famille la détruit. Songe-t-on à la douleur que subit un homme lorsqu'il a des doutes sur sa paternité et qu'il croit avoir à donner son nom et une éducation à l'enfant d'un autre? Rien de ces craintes du côté de la femme : elle est sûre que l'enfant qui naît chez elle est le fruit de ses entrailles... et le mari ne peut ni reconnaître ni lui imposer un enfant illégitime. Si le jury absout quelquefois un homme qui tue sa femme en flagrant délit, il accorde aussi quelquefois son indulgence, dans le cas contraire, à la femme qui se venge par un meurtre.

On désirerait aussi des droits égaux vis-à-vis des enfants. Ces droits égaux existent déjà dans le consentement au mariage de ces enfants; mais on comprendra facilement qu'en ce qui concerne l'éducation et la correction, lorsque les parents ne sont pas d'accord, il faut bien que l'un des deux époux prenne une décision. On a proposé, comme dans certains pays, l'arbitrage d'un conseil de famille, d'un conseil d'amis, d'un tribunal.

Dans le mariage, le mieux est de s'entendre... et on ne s'entend pas toujours lorsque l'on croit avoir les mêmes droits.

Rappelons-nous que le peu de bonheur goûté sur terre résulte de l'harmonie des sexes et que c'est dans le mariage, où il faut une interdépendance, que cette harmonie peut être le mieux assurée.

La véritable unité sociale sera toujours le couple humain, dans lequel les parties doivent être des duettistes et non des duellistes.

Que les époux méditent ces deux paroles : « Rappelez-vous, disait Fouché à Mme Récamier, qu'il faut être douce quand on est faible. » — « Et qu'il faut être juste quand on est fort », lui répondit cette femme d'esprit.

Il n'y a pas lieu de s'arrêter aux féministes qui prêchent l'union libre, laquelle ne serait qu'un retour à la sauvagerie. Dans l'union libre l'homme n'a rien à perdre. La femme y sombrerait.

7. — Les œuvres féministes.

Le mouvement féministe ne s'est pas seulement accusé par la parole dans les congrès, les conférences, les clubs; ni par les écrits dans les revues et journaux spéciaux comme *la Fronde*, la *Revue féministe*, la ligue bruxelloise *le Pain*, etc., ni par les livres, si nombreux déjà; il s'est encore révélé par la formation d'institutions de mutualité et de bienfaisance, qui feront plus pour l'amélioration du sort de la femme que tous les discours imaginables. *Acta, non verba*, ont dit les philanthropes féministes. C'est ainsi qu'ont été fondés les établissements suivants :

EN FRANCE :

La *Mutualité maternelle*, fondée à Paris par le couturier Félix, pour obliger, en les indemnisant, les ouvrières accouchées à ne reprendre leur besogne qu'après quatre semaines de repos. La participation des mutualistes n'est que de 0fr,25 par mois. Cette obligation du repos après l'accouchement a des conséquences très favorables à la femme, à l'enfant, au pays, et même au patron dont les ouvrières peuvent faire ensuite un travail régulier. En sept années, la Mutualité maternelle a donné des indemnités de repos à 3.400 participants et 28.000 consultations médicales gratuites. On a calculé que la mortalité des enfants des mutualistes n'est que le quart de la mortalité infantile dans la classe ouvrière.

La société des *Fourmis*, qui propose à toutes les jeunes filles protestantes de France de s'unir dans un but charitable.

La société de la *Ruche*, qui se propose le même but.

Le *Foyer de l'ouvrière*, qui a un cercle féminin, un restaurant et une maison familiale à la campagne pour les réunions du dimanche.

L'*Asile Michelet*, à Paris, pour l'hospitalisation des femmes enceintes, qui donne, avec du travail, un abri, du pain, des soins corporels et surtout de bons conseils aux filles-mères.

Le *Refuge de l'avenue du Maine*, œuvre de Mme Béquet de Vienne, où l'on admet quand il y a une place vacante, sans qu'on lui demande son nom, ni de renseignements sur sa famille, toute femme, toute jeune fille en état de grossesse avancée : il suffit qu'elle soit malheureuse. Les hospitalisées travaillent à l'entretien de la maison, excepté à la cuisine et aux gros ouvrages, et à quelques travaux professionnels très doux.

L'ouvroir de *Tullins* (Isère), fondé par Mme Perret, qui fonctionne depuis quarante ans, se propose d'enseigner à la jeune fille à bien tenir une maison, et recrute ses adhérentes à 12 kilomètres à la ronde.

Les *Midinettes*, société pour la création de restaurants coopératifs d'ouvrières, qui, depuis l'application rigoureuse du décret de 1894 interdisant aux industriels, par mesure d'hygiène, de laisser leurs ouvrières prendre leurs repas dans l'atelier, cherche à faciliter à midi un déjeuner peu coûteux et à l'abri des intempéries et des promiscuités de la rue. Les membres du comité d'initiative de cette société appartiennent à la Société pour *l'éducation sociale* que préside M. Léon Bourgeois et qui s'est exprimé ainsi à propos de cette institution : « Il faut encourager pareil projet. La Société ne peut certainement s'engager financièrement dans une affaire quelconque; elle ne peut ni répondre de l'emprunt (400 parts à la souscription) ni en assurer la bonne gestion; mais elle peut donner son appui moral à un projet qui lui paraît mériter, à tous égards, son approbation. Les restaurants coopératifs devront être nombreux, car les ouvrières changent souvent d'atelier, et elles devront trouver dans les différents quartiers de Paris le restaurant dont elles posséderont une action; c'est même à cette condition que l'œuvre pourra acquérir toute son utilité. »

Le *Home de Bordeaux*, qui, en deux années, a reçu 289 jeunes filles ou veuves sans place, et qui, d'après certain rapport, « a sauvé du mal bien des jeunes filles françaises et étrangères en leur offrant, à un moment où leur inexpérience leur cachait bien des dangers, un asile sûr et de bons conseils, en attendant qu'elles trouvent une position convenable. »

L'*Œuvre du travail à domicile*, de la même ville, déjà citée.

L'association des *Institutrices allemandes* en France.

La *Samaritaine de Lyon*, pour le relèvement des filles-mères; l'œuvre des gardes-malades laïques de la même ville.

L'*Hospitalité universelle et gratuite de Nantes*, qui, depuis treize ans, a logé, nourri et soigné 12.000 femmes, qui a des asiles de quartier avec restaurant économique, une maison centrale comprenant des dortoirs, des chambres particulières, une crèche, des ateliers professionnels, des bains, des orphelinats, des colonies maritimes.

Les *Maisons familiales de repos* pour le personnel de l'enseignement féminin, dont le promoteur est M. Foncin.

L'*Œuvre philanthropique de Belleville*, fondée en 1871 par miss de Broen, pour procurer du travail aux veuves des communards.

La *Société d'émigration des femmes*, dans le but de favoriser le développement et la prospérité des colonies et d'aider à y fonder des familles.

L'*Union des femmes françaises pour la tempérance.*

L'*Adelphie*, société d'aide mutuelle par le travail, composée en majorité de femmes exerçant des professions libérales.

L'*Œuvre des libérées de Saint-Lazare*, qu'on devrait plutôt appeler l'œuvre de préservation de Saint-Lazare, car son action s'étend beaucoup à des malheureuses qu'elle empêche d'entrer dans le trop fameux établissement. Elle a été fondée en 1870 par Mlle de Granpré, à qui ont succédé, comme présidentes, Mme de Barrau, puis Mme Bogelot.

A L'ÉTRANGER :

La *Caisse d'assistance pour la maternité de Turin*, qui a le même but que la Mutualité maternelle de Paris.

L'*Union internationale des amis de la jeune fille*, fondée à Genève en 1877, qui forme un réseau de protection autour des jeunes filles expatriées, qui a son bureau central à Neuchâtel et des sections en France, en Allemagne, en Italie, en Grande-Bretagne, dans les Pays-Bas, à la République Argentine.

L'*Agence gratuite des institutrices*, gouvernantes et bonnes suisses.

L'*Agence des institutrices russes*, placée sous le patronage de l'Impératrice.

Les *Ateliers gratuits de couture*, organisés de tous côtés par les femmes russes.

Dans tous les pays d'Europe, mais particulièrement en Suisse, en Angleterre et en Russie, ces œuvres féministes, très nombreuses, se proposent, à l'instar des sociétés que nous venons de citer, l'assistance par le travail, la protection morale, le relèvement social et l'éducation professionnelle. Dans beaucoup d'Etats européens, il y a un *conseil national de femmes*, qui s'occupe des intérêts généraux féminins.

La femme actuelle.

La femme, surtout la femme française, n'est pas « la condamnée, la proscrite, l'éternelle mineure, la perpétuelle déchue ». Elle n'est pas même l'être peu important que l'on veut bien dire.

En France elle n'a pas porté la couronne royale, parce que la loi salique était là ; mais elle a régné sur les rois, et elle a eu sa part d'influence.

Certains écrivains n'ont pas été tendres pour elle, cela est vrai ; mais d'autres très autorisés lui ont rendu justice. « Si les hommes font les lois, dit le prince de Ligne, la femme fait les mœurs. » — En effet, les hommes doivent avoir l'autorité, et les femmes l'influence qui tempère cette autorité et qui est aussi efficace. Si l'homme vaut plus, la femme vaut mieux ; elle est le soutien des bonnes mœurs, et quand elle déchoit tout s'écroule.

Aussi Joseph de Maistre affirme-t-il « que le moyen de perfectionner l'homme, c'est d'ennoblir et d'exalter la femme. »

Ecoutons encore Saint-Marc Girardin :

Il y a au sein des familles heureuses un être pur et charmant qui semble y attirer par sa pureté les bénédictions du ciel et par son charme les hommages du monde : ce sont nos filles, ce sont nos sœurs, aimées et dirigées, respectées et averties, à qui la tradition du foyer domestique enseigne par la bouche d'une mère les vertus qui embellissent les plus belles et les grâces qui siéent aux plus sages. L'innocence de la vierge, la pudeur de l'épouse, la gravité de la mère, voilà les trois phases par lesquelles passe la femme soucieuse de ses devoirs domestiques qui sont sa force et son honneur et qui font qu'elle est le cœur sinon la tête de la famille.

La femme a un beau rôle à remplir, si elle veut rester femme, si elle ne veut pas chercher à se masculiniser...

D'abord, quoi qu'elle fasse, et bien qu'elle ne soit pas née, comme l'a dit Bossuet, d'un os surnuméraire de l'homme, elle ne pourra jamais égaler celui-ci en force physique.

La femme doit plutôt viser la grâce, la souplesse, la beauté, et une belle femme qui aurait les qualités d'un honnête homme serait un type humain parfait. Même les filles du peuple doivent chercher à cultiver en elles ce goût de la beauté qui de la personne extérieure passe dans l'esprit et le cœur et rayonne ensuite dans tous les actes de la vie en créant l'ordre et l'harmonie.

C'est peut-être aux femmes des classes aisées à venir auprès de leurs sœurs moins fortunées, à prendre contact avec elles, leur apportant un peu de délicatesse en échange de l'exemple de labeur et d'honnêteté qu'elles trouveront chez les femmes du peuple. L'occasion de ce rapprochement, c'est l'organisation du travail sur des bases économiques plus rationnelles. Si la femme riche, au lieu de faire la charité, voulait bien, par exemple, renoncer à tout acheter dans le magasin de nouveautés et faire travailler pour elle directement les ouvrières de son quartier ou de la localité, la question féministe, au point de vue de la solidarité, aurait fait un grand pas.

C'est aussi une obligation pour les hommes d'aider la femme à bien remplir son rôle social, à la traiter non comme une conquête, mais comme une alliée.

Nous nous sommes efforcé, dans les considérations qui précèdent, de donner divers aperçus de la question féministe en vue d'éclairer les institutrices sur cette question assez complexe.

Les femmes qui sont chargées de former les futures générations de femmes doivent bien connaître la nature féminine, pour ne point commettre d'erreur dans l'éducation des élèves et pour poursuivre un but à la fois élevé et pratique.

Elles n'auront d'ailleurs, pour résumer et éclairer ce qui a été dit dans les chapitres précédents, qu'à s'inspirer de ce beau passage par lequel M. Gréard termine son mémoire sur l'Education des filles :

Moins riche que l'homme en qualités acquises, la femme l'emporte par les qualités natives, celles que Montaigne appelle les qualités de prime-saut. Sa sensibilité exquise vibre à tous les souffles; mobile, passionnée, ne craignant, n'espérant jamais à demi, elle ressent tour à tour et réfléchit admirablement les émotions diverses. Au bon sens le plus solide elle sait allier les grâces légères. Dans tout ce qui demande du tact, du goût, moins d'application que de génie, l'oubli ou le don de soi-même, dans la conversation, la correspondance, la critique, des juges difficiles ne lui reconnaissent pas de supérieur. Elle a la finesse, l'élan, le charme. Ce sont là des richesses incomparables dont il n'est besoin que de diriger et de perfectionner l'emploi. On peut régler son imagination et rectifier son jugement, éclairer ses sentiments et assurer sa volonté, discipliner, en un mot, ses facultés, sans en contraindre l'allure naturelle. Dans une page pleine d'humour, Herbert Spencer figure l'éducation, celle qu'il s'agit de remplacer, l'éducation décorative et des vaines formules, sous les traits d'une sorte de poupée revêtue d'oripeaux et se mouvant par ressort. Nous aimons à nous imaginer celle qu'il s'agit de créer sous la figure de ces statues antiques que Fénelon représente dans toute la sève de la vie, le port élégant et ferme, la démarche modeste et aisée, le front éclairé par la pensée, le sourire aux lèvres.

Elles feront bien encore de méditer ces fortes paroles écrites en 1872, au lendemain de nos désastres, par Edgar Quinet :

S'il était avéré un seul jour que les Françaises préfèrent la force de l'âme aux capitulations quotidiennes, l'être au paraître, le caractère au petit savoir faire, le courage à la défaillance, la vie de l'esprit à la routine, la noblesse du cœur à l'art de parvenir, la sincérité à la rouerie, la simplicité au charlatanisme; s'il était entendu un seul jour que la plus grande qualité à leurs yeux n'est pas l'habileté mesquine; que l'honneur est au-dessus du succès; si c'était là leur foi civile, les hommes se rangeraient bien vite de ce côté. La régénération de la France serait accomplie presque aussitôt qu'entreprise.

TROISIÈME PARTIE

L'ÉDUCATION GÉNÉRALE

1. — La coéducation.

Voilà la femme que nos écoles doivent préparer.

Est-ce par les mêmes méthodes et procédés qu'on applique à l'éducation des jeunes gens, et avec eux que cette préparation peut se faire convenablement? Déjà, en 1901, dans nos *Ecoles urbaines*, nous nous exprimions ainsi sur cette question :

Jusqu'à l'âge de sept ans — et c'est le cas de l'école maternelle — l'instruction peut être la même sans inconvénient. Mais, à l'école primaire, on ne doit pas violer la loi du développement particulier de chaque sexe. La jeune fille arrive beaucoup plus vite que le garçon à l'épanouissement de ses facultés. Son intelligence est plus précoce ; c'est un fait constaté chez nous par nos observations ordinaires. Mais il a été établi scientifiquement, par de nombreuses expériences faites sur les enfants des écoles de Chicago par M. Christopher, et communiquées, en 1899, à la vingtième réunion annuelle de la Société de pédiatrie américaine, que, jusqu'à quatorze ans, l'endurance des filles est plus grande que celle des garçons, et qu'ensuite c'est dans l'ordre inverse.

Et nous faisions appel à l'autorité de M. Gréard dont nous citions ces lignes :

Ce qui est incontestable, c'est que ni leur destination n'est la même ni leur nature. Or le but de l'éducation, c'est *le perfec-*

tionnement dans l'ordre de la nature. Fortifions donc dans la femme la raison, qui est le bien commun, mais sans porter atteinte aux biens qui lui sont propres. Toutes ses faiblesses ne sont pas des défauts, pas plus que nos énergies ne sont toutes des vertus.

Non, la nature et la destination de la femme ne sont pas les mêmes que celles de l'homme.

Au point de vue physique, sur lequel nous insistons particulièrement, il y a de nombreuses infériorités du côté de la femme.

La taille et le poids de la femme sont moindres dans toutes les races, et cela dès la naissance. La différence de stature, chez les humains, est de 10 centimètres en moyenne, et la différence de poids, de 5 kilos.

Par rapport à l'homme, les os, chez la femme, sont moins volumineux et moins forts, et la musculature est moindre d'un tiers (d'où moins de force, moins de vigueur, moins de précision et moins de rapidité dans les mouvements); le cœur est plus petit et plus léger (de 60 grammes); le sang est, naturellement, moins abondant; la capacité thoracique et pulmonaire est inférieure d'un demi-litre; la température du corps plus faible (l'homme brûle 11gr,2 de carbone par heure, la femme 6gr,4 seulement); l'appareil digestif est moins exigeant, le crâne est moins volumineux et le cerveau moins lourd.

Toutes ces différences doivent être un peu atténuées, bien entendu, si l'on considère que la femme est, en général, plus petite que l'homme.

Mais, comme l'a dit spirituellement Mme l'Inspectrice générale Kergomard dans un congrès féministe, en parlant des femmes : « Il y a cette différence entre nous et eux (les hommes), c'est que nous sommes des mamans et eux des papas. »

Oui, la femme est organisée essentiellement pour la maternité : sa fonction propre est la gestation et l'allaitement, et toutes les infériorités en découlent... Mais aussi, quelle fonction importante que celle qui assure la perpétuité de la famille, de la nation, de la race ! Il n'y en a pas de plus noble en même temps que de plus nécessaire : aussi l'homme devrait toujours se rappeler que si, dans la lutte pour la vie, les conséquences de cette fonction mettent la femme sous sa dépendance, elles la mettent aussi sous sa protection et qu'elles doivent lui inspirer le plus grand respect. Dans l'antiquité, la grossesse d'une femme lui valait, en public, des égards considérables.

Mais, quoi qu'on fasse, la féminité entraînera toujours avec elle-même, dans son simple développement, des troubles physiologiques et psychiques qui s'amplifient considérablement dans son épanouissement et dans sa terminaison. On sait ce que la crise initiale et la crise finale comportent de fragilité et de danger et ce que la grossesse amène de perturbations fonctionnelles qui, depuis les plus légers malaises, l'inquiétude de l'âme, jusqu'à l'aliénation quelquefois complète de la raison, modifient plus ou moins considérablement la moralité des actes et la responsabilité.

Si la statistique nous montre la petite fille à l'école avançant plus rapidement que le petit garçon et s'il s'ensuit que, mentalement, elle est mûre avant lui, les rôles sont ensuite renversés dans la pleine jeunesse, surtout dans les classes ouvrières, où les besoins de l'existence forcent la femme à cumuler le tribut de sa précocité avec un dur labeur.

D'après Herbert Spencer, la nature, pour préparer la femme à sa destination, arrête plus tôt son développement général. A 18 ans, une jeune fille est une femme, et elle peut faire une bonne petite épouse. Au même âge, un garçon n'est encore qu'un adolescent. Entre l'un et l'autre, par le sérieux, la finesse, la compréhension de la vie et le jugement des choses concrètes, il y a tout un abîme.

Notre législation consacre d'ailleurs cette différence, puisqu'elle interdit le mariage de la femme avant 15 ans et celui de l'homme avant 18 ans (art. 164 du Code civil).

On remarquera que la nubilité est avancée dans les pays méridionaux et retardée dans les contrées du Nord. C'est probablement une des raisons pour lesquelles les peuples du Sud ne sont pas favorables à la coéducation et ne pensent pas que la femme puisse atteindre au même développement intellectuel que l'homme.

Les partisans de la coéducation nous disent que la coéducation est l'éducation naturelle de la famille ; qu'à l'école il est inutile de séparer des enfants qui, surtout à la campagne, voisinent librement partout ailleurs, et qui plus tard, adultes, devront se rencontrer fréquemment ; qu'à l'école mixte, les points faibles d'un sexe se corrigent par l'autre, qu'il n'y a pas de flirtation ; que les jeunes filles seront moins mijaurées et moins romanesques; que les jeunes garçons seront moins brutaux et moins troublés des sens ; qu'il se fera facilement des unions fondées sur une longue estime réciproque, etc. Et, quand ils disent *coéducation*, il faut entendre surtout *coïnstruction*, car notre législation scolaire n'admet pas d'internat dans les écoles mixtes (art. 177 du décret org.) [1]. Aussi dans les établissements où, comme à *Cempuis*, on reçoit des pensionnaires des deux sexes, les dortoirs sont-ils relégués aux deux extrémités opposées de la propriété et les enfants ne sont-ils réunis que pour les études, les repas et les jeux. Au *familistère de Guise*, les enfants ne sont ensemble que pendant les heures de classes ou les garderies. Ils sont élevés dans leurs familles. Les

1. L'internat peut être autorisé par le Conseil départemental (art. 4 du décret du 18 janvier 1894).

partisans de la coéducation affirment que la coéducation, dans la cité, comme dans la famille, ne peut produire de bons effets que si la famille et la cité ont les mœurs les plus pures, et d'autre part, ce qui nous semble un cercle vicieux, ils comptent sur la coéducation pour purifier les mœurs publiques.

Nous sommes tous d'accord pour penser qu'il y a intérêt à réunir le plus souvent possible garçons et filles dans les circonstances ordinaires de la vie, mais sous la surveillance exercée, discrète et intéressée des familles ou de personnes réellement responsables.

En ce qui concerne les études et les exercices physiques et intellectuels auxquels les élèves sont soumis dans les écoles, il est certainement préférable de séparer les sexes, non pas pour les dangers moraux, qui selon nous n'existent pas, mais pour donner plus facilement à chaque sexe l'éducation qui lui convient plus particulièrement.

Nous avons vu qu'au point de vue physique, la nature et la destination ne sont pas les mêmes pour chaque sexe. Les garçons doivent être élevés plus vigoureusement que les filles, et, si l'éducation était commune, garçons et filles en souffriraient, les premiers par l'insuffisance, les secondes par l'exagération du développement des qualités viriles, à moins que les garçons, cédant à leur tempérament, n'entraînent les filles à prendre part à des exercices, à des jeux qui ne leur conviennent point et qui leur font perdre ou qui ne leur permettent pas d'acquérir les grâces de leur sexe.

Nous verrons plus loin que les différences intellectuelles sont également un obstacle à la coinstruction.

La plupart des médecins français croient que la santé des jeunes filles s'oppose à ce qu'elles suivent les mêmes cours que les jeunes gens. En Amérique, le pays de la coéducation, les physiologistes ont constaté une dégénérescence de la constitution féminine, et un psychologue qui a fait une vaste enquête dans les écoles, constate que, si on classe filles et garçons à part au point de vue des études, dans le premier quart de chaque catégorie il y a un dixième de garçons seulement de santé délicate, tandis qu'il y a 26 p. 100 de filles chétives.

D'autre part il n'est pas bon de créer, dès l'école, une émulation entre sexes, émulation qui se convertit plus tard en ce qu'on appelle la concurrence des sexes, une des causes du malaise social actuel. Et ce ne sont pas de simples présomptions de notre part... Ecoutez ces confidences faites par des Norvégiens au chroniqueur Hugues Le Roux :

Maintenant la femme, devenue notre égale, exerce beaucoup de professions masculines, et, lorsqu'elle se présente en concurrence avec nous pour un emploi, elle ne peut plus invoquer la galanterie pour que nous nous effacions devant elle ; nous profitons de notre force, nous jouons des coudes et nous passons. Elle a ainsi rétabli, à notre profit, le privilège dont nous nous étions dépouillés ; nous ne pouvons plus être galants sans devenir dupes.

C'est ainsi que le féminisme outré aboutirait à des conflits de « *struggle for life* », où « la plus faible » aurait le dessous.

Ne comptons donc pas non plus sur le côté soi-disant moral de la coéducation. Un vieux maître d'un département de l'Est, qui a longtemps dirigé une école mixte, me disait : « Jeunes, garçons et filles ne songent qu'à se battre ; adolescents, ils s'embrassent. »

Ceux qui prétendent que l'habitude d'être élevés ensemble est pour les deux sexes un meilleur préservatif contre l'amour qu'une séparation continuelle doivent se tromper, et si, ne se trompant pas, on arrivait à une « désexualisation », ce serait véritablement travailler contre la nature.

Quant à croire, comme nous l'avons entendu dire bien des fois, que des mariages s'ébaucheront sur les bancs de l'école, cela ne peut arriver qu'exceptionnellement, et cela n'est même pas désirable.

On sait que les unions précoces finissent fréquemment et rapidement par des divorces, parce que les deux époux n'ont pas assez d'expérience ni de maîtrise de soi. D'ailleurs nous pensons fermement que le mari doit avoir plusieurs années de plus que la femme. On ne songe pas à marier les élèves au sortir de l'école primaire, bien entendu. Mais voilà un jeune homme et une jeune fille qui ont fréquenté ensemble une école supérieure et que l'on croit pouvoir unir. S'ils se connaissent et s'estiment, c'est qu'ils ont suivi les classes du même degré, c'est, par conséquent, qu'ils ont à peu près le même âge. Les études terminées, la jeune fille a, si vous voulez, 17 ans et le jeune homme 18. Dans un an, celle-là pourra déjà être recherchée en mariage, tandis que celui-ci ne peut pas, en vérité, devenir chef de famille; il a surtout à se créer une situation, peut-être même à apprendre un métier, car les études qu'il a faites avec la jeune fille ne sont pas des études professionnelles, ce sont des études générales; il a, en France, à remplir ses devoirs militaires pendant deux années au moins... Alors? Les familles n'ont-elles pas non plus le devoir de s'opposer à ce que la rencontre sur les bancs de l'école, à l'âge où les caractères ne sont pas encore formés, leur impose des alliances prématurées?

Nous ne croyons à la possibilité de mariages d'étudiants que dans l'enseignement supérieur, dans les universités : dans ces mariages, la coéducation dont nous nous occupons ici n'a rien à voir.

En réalité, la coéducation, sur laquelle on fait tant de bruit, existe depuis longtemps en France, puisqu'elle s'impose sous la forme d'une école unique, mixte par conséquent, dans 20.000 petites communes, qui n'ont ni assez d'élèves, ni assez de ressources pour établir deux écoles séparées. Et ce nombre s'accroît, car l'émigration vers les villes multiplie le nombre des petites communes rurales. La coéducation est donc le régime scolaire des localités peu importantes, des communes pauvres.

Il y a bien, dans certaines communes ayant plus de 500 âmes, des cas où, l'instituteur et l'institutrice étant mariés ensemble, les deux écoles n'en font plus qu'une, l'instituteur dirigeant simultanément les garçons et les filles les plus avancés, et l'institutrice, comme adjointe, se chargeant des jeunes élèves des deux sexes. A l'aide d'un emploi du temps bien établi, le mari peut réunir tous les garçons pour certains enseignements (le travail manuel, le dessin, par exemple), et la femme toutes les petites filles pour le travail manuel également (la couture, l'économie domestique, etc.). Malheureusement cette situation est liée à un ménage d'instituteurs, ce qui la rend quelque peu précaire.

En résumé, la coéducation n'est pas une affaire exclusivement pédagogique; c'est une question qui intéresse surtout les mœurs générales. En ce qui concerne les écoles primaires, les instituteurs, qui la connaissent, n'en veulent pas, et les institutrices, qui la connaissent peu, semblent la désirer parce qu'elle leur offrirait un plus grand nombre d'emplois. Rappelons encore qu'en Amérique, des hommes d'État pensent qu'il ne faut pas que les jeunes gens soient élevés par des femmes. Notre expérience personnelle nous permet également d'affirmer que, dans certaines classes de jeunes garçons, l'institutrice qui n'a pas l'appui d'un directeur d'école ne réussit bien qu'avec les élèves qui ont de bons sentiments naturels; les élèves turbulents ou frondeurs échappent à son autorité.

2. — L'école de filles.

Les instructions concernant la construction des établissements scolaires ne distinguent pas, à part les privés, entre les écoles de garçons et celles de filles. Mêmes dispositions, mêmes surfaces et mêmes cubages.

L'instruction spéciale des écoles primaires mentionne simplement :

Art. 29. — ... Dans toutes les écoles de filles de plus de trois classes, une salle sera aménagée pour les travaux de couture et de coupe, salle qui, dans la pratique, sert également de salle de dessin.

Art. 35. — ... Dans les écoles mixtes, la cour sera divisée par une claire-voie.

Art. 36. — Toute école devra être munie de privés à raison de trois cabinets par classe dans les écoles de filles (au lieu de deux pour les garçons).

Art. 37. — ... Dans les écoles mixtes, il y aura des privés distincts pour les garçons et pour les filles.

Ce n'est que par l'aménagement intérieur, par le matériel d'enseignement, qu'un visiteur ordinaire peut, en l'absence des élèves, et encore assez difficilement, savoir à quel sexe l'école est destinée.

Mais un œil exercé s'apercevrait très vite, à certains détails de propreté et d'ordre, qu'il s'agit d'une école de filles ou d'une école de garçons. En général, les écoles de filles sont plus propres, mieux ordonnées que celles des garçons, et cela se conçoit. Les garçons sont plus turbulents et moins soigneux que les filles, et l'instituteur, dans le même ordre d'idées, est moins exigeant que l'institutrice.

Le contraste est encore plus frappant lorsque les élèves

sont présents. Du côté des filles, moins de bruit, plus de régularité..., de sorte qu'en passant d'une école de garçons dans une école de filles, on est disposé à croire celle-ci mieux tenue que celle-là.

Cela est vrai matériellement... Sans doute un bon instituteur ne laissera pas dégrader ni salir inutilement ses locaux et son matériel ; mais il ne peut pas exiger que ses garçons se comportent absolument comme de petites filles. D'ailleurs, nous nous sommes quelquefois demandé, si, dans certaines écoles de filles, on ne poussait pas trop loin l'observation de la règle du silence et de l'immobilité. Il y a de ces écoles où règne une contrainte toute monastique, favorable peut-être à la réflexion, mais telle que ces écoles ne sont pas de véritables établissements d'éducation, parce que la jeunesse ne peut s'y épanouir.

En général, dans une école de filles, en raison du tempérament plus calme des élèves, les institutrices n'ont pas à prendre des mesures bien rigoureuses pour obtenir une discipline matérielle satisfaisante. Il suffit d'avoir un bon emploi du temps et de prendre à l'avance toutes les mesures d'ordre qui devront présider aux exercices. Il faut parler avec douceur aux petites filles ; la maîtresse ne criera jamais pour rétablir le silence ou pour réprimander. C'est d'ailleurs son intérêt de ménager sa voix. Les femmes ont le larynx et les poumons plus délicats que ceux des hommes ; en outre, rien n'est plus disgracieux, ridicule même, qu'une femme dont les éclats de voix désordonnés sont habituellement accompagnés de gestes peu harmonieux. L'institutrice doit à ses élèves l'exemple de la dignité et de l'amabilité. « Chacun doit garder le ton de son sexe, dit Rousseau. Le ciel ne fit pas les femmes insinuantes et persuasives pour devenir acariâtres ; il ne leur donna pas des traits délicats pour les défigurer par la colère. »

Il faut s'interdire le tutoiement, non seulement parce qu'il est défendu par le règlement scolaire modèle, mais parce qu'il engendre la familiarité et qu'il implique, comme dans la famille, la réciprocité. Le tutoiement est incompatible avec le respect que les jeunes filles doivent avoir pour leur maîtresse et avec la réserve que celle-ci doit avoir envers elles. Dans les pensionnats bien tenus on veille même à ce que les jeunes filles ne se tutoient pas entre elles. C'est une question de politesse et presque de bonne éducation. Le tutoiement, chose exquise entre amies intimes, devient chose triviale entre personnes qui ne se fréquentent que temporairement.

Dans quelques écoles publiques, les élèves sont appelées de leur seul nom de famille, Baudouin, Dumont, etc. Cette pratique ne choque pas chez les garçons; mais chez les filles elle semble un peu grossière. Il est préférable de faire précéder le nom du prénom : Jeanne Baudouin... Louise Dumont — ou de dire Mlle Baudouin. — On exigera que l'élève soit mise avec goût bien que modestement. Les institutrices ont souvent à lutter contre les mamans et quelquefois contre les papas pour que la toilette de l'élève reste simple. Il faut tenir ferme sur ce point. Une bonne mesure, qui coupe court à tout, c'est d'obtenir le tablier noir uniforme, qui, protégeant les vêtements, en dissimule la pauvreté ou la trop grande coquetterie et qui fait régner l'égalité dans la classe, au moins en apparence. Indépendamment du côté pratique à l'intérieur de l'école, le tablier noir protège encore la jeune fille au dehors contre les observations, les propos plus ou moins déplacés des gens mal élevés, lesquels ont encore la pudeur de ne pas s'adresser aux écolières.

Dans certains établissements, on a coutume de distinguer les classes ou les divisions par des rubans de couleurs différentes que les élèves portent soit en sautoir, soit en ceinture, soit sous la forme d'un simple nœud fixé à l'épaule ou à la poitrine. Cette coutume donne un aspect agréable à l'ensemble de la classe, et, dans les écoles à plusieurs classes, elle facilite les groupements, les évolutions et la discipline. Dans les écoles primaires publiques, qui sont gratuites, ces rubans doivent être payés par les familles : quelques-unes de celles-ci sont vraiment trop pauvres pour faire la petite dépense annuelle qui en résulte ; d'autres, sachant que le port de ce ruban n'est pas obligatoire, se refusent à le fournir. Ces difficultés ne peuvent être résolues que par le tact, l'habileté de la directrice et aussi par l'intervention pécuniaire de la Caisse des Ecoles.

Lorsque, dans une école de filles, toutes les règles à suivre auront été éprouvées et arrêtées définitivement, il conviendra de n'en point changer sans nécessité. Si pour les garçons, appelés à vivre au dehors, les changements, les innovations fréquentes les préparent quelque peu aux variations de la vie extérieure et n'ont pas de trop graves inconvénients, pour les filles, qui deviendront femmes et qui, à ce titre, seront comme les gardiennes des traditions, le trouble dans les habitudes créerait vite le trouble dans les intelligences.

Les institutrices ont, paraît-il, à se défier de leur propre naturel.

Le peu de succès de notre influence, écrit une directrice dans un bulletin départemental, c'est, il faut bien le reconnaître, que les femmes ont l'habitude de gouverner « à coups de décrets » : aujourd'hui, sévérité irraisonnée, demain, indulgence sans bornes — et que bien peu d'entre elles savent commander au nom d'une règle impersonnelle, invariable, qui, de son vrai nom, s'appelle la loi.

« Bien peu » est un peu dur et inexact. Les institutrices

ont, plus que les hommes, à se défendre de faire du sentiment en éducation. Elles font moins d'arbitraire que l'on ne pense — et peuvent très bien parler au nom de la raison.

Enfin, il est très important que, dans les grands établissements féminins, surtout dans les pensionnats, il y ait ce que l'on appelle l'esprit de la maison, esprit qui se transmet presque toujours le même aux générations successives d'écoliers. Cet esprit ne peut être créé que par une femme d'autorité et il ne peut être maintenu que par l'accord parfait de toutes les institutrices de l'école. Là où il existe, l'enseignement se donne avec aisance et l'éducation se fait avec sûreté.

QUATRIÈME PARTIE

L'ÉDUCATION PHYSIQUE

1. — Généralités.

On dit habituellement que si l'homme doit être fort, la femme doit être belle. Mais la beauté est inséparable de la santé et d'une certaine activité physique. La langueur, la mollesse, la vie sédentaire font des femmes délicates; l'exercice modéré et régulier, une certaine énergie et la vie au grand air font des femmes belles, c'est-à-dire dignes de renouveler et de perpétuer la race. Une femme saine et belle, quoique peu instruite, est plus utile à l'espèce qu'une valétudinaire pourvue de tous les diplômes possibles; les descendants de la première pourront acquérir, avec les qualités physiques dues à l'hérédité, des qualités intellectuelles de premier ordre; les descendants de la seconde, si elle en a, s'éteindront au bout d'une génération ou deux, faute de santé. D'ailleurs, il n'est pas prouvé que les qualités intellectuelles se transmettent avec autant de sûreté que les qualités physiques.

La femme, comme l'homme, doit poursuivre son perfectionnement. La jeune fille doit travailler à son perfectionnement physique. Il n'y a rien de plus beau, parmi les êtres vivants, que le corps de la femme quand il est exempt de tares, qu'il a des lignes régulières et harmonieuses dans l'éclat de la jeunesse ou l'épanouissement de la maturité. La beauté, cette fleur de la vie, rachète la faiblesse de la femme : c'est en elle que réside le principe d'amour et d'union d'où découlent la force et le bonheur.

La beauté n'est pas un luxe : c'est le terme du perfectionnement, qui est la loi du progrès.

La beauté pour la femme, dit M. Fouillée, n'est pas seulement un don naturel, mais encore une fonction et un devoir.

C'est là peut-être une idée bien païenne. Mais rappelons-nous que l'éducation chrétienne a trop contribué autrefois à mépriser le corps, « cette guenille, comme dit Philaminte, qui n'est pas d'un prix à mériter seulement qu'on y pense. » Cette guenille doit être « chère » à l'individu ; mais elle doit être chère surtout à la femme qui est l'instrument par excellence de sélection de la race.

N'oublions pas non plus que les soins que l'on prend pour acquérir et conserver la beauté font en même temps acquérir et conserver la santé.

Les institutrices s'appliqueront donc à donner aux jeunes filles une excellente éducation physique, sans redouter que plus tard « elles tournent mal ». Lorsque toutes les jeunes filles et toutes les femmes prendront soin de leur corps, il y aura moins de courtisanes dans le monde.

D'ailleurs, une belle femme est généralement aimable et bonne, et, si vous lui donnez une instruction suffisante et le goût du ménage, vous en ferez sûrement une honnête mère de famille.

2. — Exercices spéciaux.

Il n'est pas nécessaire pourtant qu'une jeune fille chasse comme une amazone, nage comme un triton ou fasse à bicyclette « du trente à l'heure »; mais, entre le type trop viril de certaines éducations contemporaines et le type de la jeune fille « frêle, vaporeuse », de la période romantique, de celle que la science médicale appelle maintenant « l'anémique, la tuberculeuse », il y a place pour un être sain, robuste et charmant.

Tous les exercices de l'école, soit directement, soit indirectement, doivent concourir à la bonne éducation physique. Et ce n'est pas aussi difficile que l'on croit. On se figure qu'il n'y a pas de vraie éducation physique sans un matériel spécial. Sans doute les appareils peuvent être d'un grand secours, à condition que l'on n'en abuse pas.

Nous ne pensons pas que la gymnastique aux agrès du portique, bien qu'on l'ait dénommée « gymnastique de singes », soit pour les filles aussi préjudiciable qu'on l'a dit. Si elle ne fait pas de bien, elle ne peut pas faire beaucoup de mal en raison du peu de temps que chaque élève y consacre; en tout cas, elle donne de la légèreté à l'ensemble du corps et de la fermeté aux membres supérieurs. La gymnastique aérienne dont on exclut les exercices de force musculaire, est la meilleure des gymnastiques. Elle peut convenir dans une certaine mesure aux jeunes filles. D'ailleurs les gymnasiarques féminins sont presque toujours des femmes bien faites. De plus, la gymnastique aux agrès force à quitter les salles de classe.

3. — Respiration.

Oui, il faut quitter les salles de classe, afin de respirer librement et à pleins poumons. L'air confiné ne favorise pas la respiration. Tout le monde a remarqué que, dans un milieu où l'air est pur et vif, les poumons se dilatent, l'inspiration est beaucoup plus profonde. Respirer, ou mieux savoir respirer, c'est, sans jeu de mots, savoir vivre. Les hommes d'action ont la poitrine au vent. Les femmes de théâtre qui résistent le plus à la fatigue et qui restent éternellement jeunes, sont celles qui savent le mieux respirer.

Habituons donc les jeunes filles à bien respirer — ne les contraignons pas à une attention prolongée, qui suspend la respiration; forçons-les à se tenir droites, les épaules effacées; faisons la guerre aux « dos ronds »; ayons en classe des bancs avec un dossier et faisons en sorte que ce dossier, qui a un nom significatif, serve à quelque chose.

Il y a des familles où l'on exerce les jeunes filles à se tenir droites le dos au mur, à apprendre leurs leçons couchées par terre sur un tapis, toutes situations qui favorisent la respiration et développent la cage thoracique.

Dans les écoles, aérons souvent les classes; laissons les élèves jouer dans les préaux; au besoin, forçons-les à jouer et jouons avec elles; défions-nous des péripatéticiennes qui déambulent par groupes de deux ou trois et dont les entretiens n'ont que de lointains rapports avec ceux d'Aristote et de ses disciples.

Dans les internats, il convient de sortir assez souvent, non seulement pour les promenades du jeudi et du dimanche, mais encore en faisant chaque jour, lorsque le temps le permet, ce qu'on peut appeler « un tour de ville » par les voies les plus larges et les moins fréquentées, pendant une demi-heure, trois quarts d'heure, comme exercice de marche. La marche est excellente pour l'hygiène générale, pour la respiration, pour la solidité des membres inférieurs et la stabilité du corps. Les jeunes filles de la campagne marchent lourdement. Celles de la ville ne savent pas marcher; elles piétinent ou elles trottent.

4. — Alimentation.

En ce qui concerne l'alimentation, les institutrices des externats n'ont qu'à s'occuper des élèves qui déjeunent à midi à l'école, qu'à veiller à ce que les aliments qu'elles apportent dans leur panier soient sains et suffisants et à ce que la nourriture fournie par la cantine scolaire soit de bonne qualité et bien préparée. Elles exigeront qu'on leur fournisse une boisson quelconque : abondance, bière, cidre, et, à défaut, la boisson naturelle et hygiénique qu'on appelle l'eau. Elles habitueront leurs élèves à manger et à boire proprement, à faire usage d'une serviette et à se tenir pendant le repas comme elles se tiendraient en famille.

Dans les pensionnats, le régime alimentaire doit être l'objet d'une attention toute spéciale. Les jeunes filles ont besoin de manger suffisamment, d'avoir une nourriture variée (animale et végétale) et appétissante. La cuisinière doit être assez habile pour vaincre le dégoût ou l'inappétence que manifestent souvent les pensionnaires. Dans un internat, une bonne cuisinière a autant d'importance qu'un bon professeur. Les repas doivent être fréquents plutôt que rares, légers plutôt que copieux et surtout réparateurs. On condamne généralement l'abus des sucreries, des pâtisseries. Il faut suivre et observer l'appétit, qui fait les bons estomacs et aussi la bonne humeur. Les repas, bien que légers, ne seront pas précipités. Il est bon de manger tranquillement, sans se presser, et de laisser causer modérément, sans éclats de voix. La coutume de faire une lecture pendant le repas est une coutume d'origine monastique que les religieuses elles-mêmes tendent à abandonner.

Les hygiénistes sont d'avis que le sommeil est très utile aux jeunes filles comme repos et comme apaisement de la nervosité. Les jeunes filles doivent donc dormir pleinement. Il faut leur épargner les veillées prolongées ainsi qu'un réveil trop matinal.

5. — Propreté.

Mais c'est surtout à la propreté qu'il faut apporter de l'attention et de la méthode. Un homme malpropre est repoussant; une femme sale est tout ce qu'il y a de plus répugnant.

La jeune fille, levée, doit procéder à sa toilette. Dans certaines maisons, dans certains internats, le matériel destiné à la toilette est souvent trop rudimentaire. Il faut de l'eau en abondance et l'écoulement ou l'enlèvement facile de l'eau qui a servi, afin que les ablutions puissent se répéter aisément. Si l'hiver on peut faire usage de l'eau chaude pour le premier nettoyage de la peau, on obtiendra plus d'empressement et un meilleur résultat. En tout cas, il est indispensable de faire sa toilette l'hiver dans une pièce chauffée. Cette toilette n'est souvent sommaire que parce qu'on grelotte en la faisant. Il n'est pas non plus prudent de se découvrir le corps quand il fait froid. On a raison recommander chaque matin, là où c'est possible, l'usage du *tub;* mais les jeunes filles qui en font emploi doivent ensuite se frictionner le corps soit avec le peignoir ou la serviette, soit avec la ceinture de crin.

Il n'est pas toujours facile ni de prendre un bain, ni de faire usage du tub; mais tout le monde peut être absolument propre, en se servant d'une éponge ou d'un linge mouillé pour laver successivement toutes les parties du corps, que l'on essuie ensuite énergiquement avec du linge sec.

Les institutrices donneront à ce sujet des indications très précises et pratiques pour procéder à la toilette partielle ou totale du corps. On a trop longtemps considéré qu'une jeune fille blessait la modestie, la chasteté, lorsqu'elle s'occupait des soins de propreté autres que ceux de la tête, des pieds et des mains. C'était un préjugé ridicule et défavorable à la santé. Il faut, par les lavages et les frictions, enlever les déchets de l'organisme sur toutes les parties du corps : cela facilite la désassimilation, laquelle favorise naturellement l'assimilation.

La bouche et les dents doivent être l'objet de soins particuliers.

Les cheveux doivent être bien peignés et bien rangés. On les lavera de temps en temps à l'eau tiède et au savon en ayant soin de les faire essuyer et de les faire sécher le plus vite possible. Dans une école de filles, on ne doit pas les laisser en désordre sur les épaules ; on peut les natter ou les enfermer dans une résille. Le docteur Rochard recommande de changer souvent l'emplacement de la raie pour éviter que le cuir chevelu ne se dégarnisse à cet endroit.

Il y a peu de chose à signaler à propos des vêtements, sinon qu'ils seront toujours propres et qu'ils seront conformes aux nécessités de la saison. Les jeunes filles n'ont pas besoin de se serrer les pieds dans des chaussures petites ni la taille dans un corset rigide.

Beaucoup de médecins sont hostiles au corset. En Allemagne, notamment, une véritable ligue s'est formée contre cette pièce du costume féminin, de sorte que tous les torses féminins allemands sont libérés ou vont l'être bientôt. Pourtant on peut dire du corset ce qu'on a dit de la langue, que c'est « la meilleure ou la pire des choses » : la meilleure, si cet appareil tutélaire ne fait que soutenir le buste de la femme, la pire, si c'est un instrument de constriction destiné à amincir la taille. Pour être belle, la femme recherchera plutôt la forme splendide des spécimens de l'art grec que la sveltesse des tailles dites « tailles de guêpe ». Le corset doit donc s'adapter aux formes de la personne sans les comprimer. Dans ces conditions, il facilite la respiration et la station verticale.

Les maîtresses veilleront sur les attitudes de leurs élèves en classe et pendant les récréations. Les attitudes vicieuses déforment le squelette, et, indépendamment des ennuis qui résultent des difformités, on sait qu'elles peuvent faire courir des dangers pendant la maternité.

6. — Jeux, gymnastique, danse, etc.

Les jeux constituent un véritable délassement intellectuel et un agréable exercice physique. Les filles préfèrent ceux qu'elles organisent elles-mêmes à ceux qu'on leur impose : elles ont à ce sujet un instinct qu'il faut savoir respecter. Elles connaissent une infinité de jeux, qui varient d'après les saisons et reviennent presque invariablement au même moment. En hiver, elles courent et sautent afin de s'échauffer, et c'est le moment où elles font des rondes, où elles sautent à la corde, lancent des ballons, font tourner des cerceaux, où elles jouent aux barres, aux quatre coins, à cache-cache, à colin-maillard ; quand la température est douce, on joue à la balle en l'air, à la marelle, au loup, au furet, aux osselets, au volant, aux grâces, à pigeon vole.

Outre ces jeux, il en est d'autres que les petites filles inventent, imitant en général ce qu'elles voient faire au dehors : elles jouent à la maîtresse d'école, à la marchande, à différents métiers, elles se font des visites, etc.

Tous ces jeux développent aussi l'intelligence et contribuent à la moralité en entretenant la gaîté, la bonne humeur et en enseignant quelquefois la patience, le dévouement, voire même le courage et la loyauté.

La maîtresse surveille les jeux et n'intervient que pour guider ou corriger leur choix. Elle ne doit pas les gêner... C'est pendant les jeux qu'elle peut faire d'excellentes études de caractères.

Les exercices réguliers d'éducation physique sont ceux qui comprennent les exercices de gymnastique et les jeux organisés. On a souvent varié d'opinion, en France, sur la nature des exercices de gymnastique dans les établissements scolaires. Il est certain que, pour les enfants et les jeunes filles, il faut proscrire les exercices de force et les jeux violents, qui peuvent provoquer de grandes fatigues, des troubles du cœur et même des accidents. Les exercices qui favorisent le développement du muscle empêchent l'allongement des os et donnent de la rudesse à l'ensemble du corps.

La gymnastique qui convient le mieux aux femmes est celle qu'on appelle gymnastique suédoise, gymnastique qui vise l'esthétique, le bon fonctionnement des organes, plutôt que la force. A Paris, l'inspecteur principal de l'éducation physique, le colonel Dérué, vient d'en faire une heureuse adaptation aux exercices indiqués dans les programmes du Ministère de l'Instruction publique. D'ailleurs, les manuels publiés directement par ce Ministère donnent des indications précieuses aux institutrices. On y relève, par exemple, ces conseils :

> La gymnastique rationnelle est celle qui s'adresse à l'ensemble des élèves et qui, par son ordre méthodique et ses exercices gradués, exerce son action éducatrice sur l'organisme tout entier : c'est la gymnastique d'assouplissement et de développement...
>
> La gymnastique a pour but de développer harmonieusement

le corps de l'enfant, de lutter contre les mauvaises conditions d'hygiène créées par les milieux sociaux, d'établir ainsi un équilibre salutaire entre l'activité physique et l'activité intellectuelle...

L'essoufflement et les palpitations du cœur annoncent que le repos est devenu nécessaire... On portera une grande attention sur la respiration de l'élève qui devra être, autant que possible, profonde et large, même pendant la course...; les inspirations profondes prolongées, déterminant l'ampliation la plus complète du thorax, sont recommandées à l'exclusion des inspirations brusques précipitées, désordonnées... Le chant peut être un excellent exercice respiratoire et peut s'allier à l'exécution de certains mouvements gymnastiques. La transpiration n'est pas à redouter, mais il faut éviter les refroidissements..., l'ampliation thoracique est le point le plus important de la gymnastique de développement...

Dans la leçon d'ensemble, il faut observer de bonnes attitudes, effacer les épaules et rejeter les coudes en arrière sans exagérer la cambrure lombaire...

Les exercices d'application, qui prennent un caractère militaire et particulièrement énergique pour les hommes, doivent demeurer doux et gracieux pour les femmes...

Le manuel ne proscrit pas pour les filles certains appareils comme le bâton, les haltères, les échelles avec planches dorsales, etc. En *Angleterre*, la méthode suédoise est aussi en honneur. Le rapport de M. René Leblanc renferme une photographie du grand tableau qu'on pouvait voir à l'Exposition de 1900 contenant seize exercices différents exécutés, avec deux haltères aux mains, par une jeune Anglaise.

Le système suédois des « mouvements libres », dit une institutrice de Londres, constitue une éducation physique parfaite pour les jeunes filles et les jeunes enfants. C'est dans la progression et l'ordre de ces mouvements que réside la vertu du système, et l'expérience a montré qu'il produit un développement harmonieux de chaque partie du corps, a un effet fortifiant et salutaire sur le système nerveux, procure un repos et un soulagement au cerveau fatigué et surmené. Il tend à redresser les épaules tombantes, à élargir la poitrine étroite, et à empêcher cette démarche négligée si commune parmi les écolières. Les exercices sont particulièrement adaptés à nos grandes écoles, car aucun appareil n'est requis, et les mouvements peuvent être exécutés dans un espace limité.

Aux États-Unis, entre une gymnastique très savante et les jeux se placent des exercices mixtes spécialement destinés aux jeunes filles, appelés *exercices callisthéniques* et signalés dans le rapport de M. Buisson sur l'Exposition de Philadelphie. Ce sont des exercices rythmés dont le piano donne la cadence. Les élèves se placent sur plusieurs rangs, font, sur place et en chantant, des mouvements de bras, de jambes, de la tête, ou font des marches, contremarches, etc.; c'est presque de la danse. En France, ces exercices sont pratiqués dans plusieurs écoles normales d'institutrices.

Une directrice d'école normale raconte ainsi un de ces exercices auquel elle a assisté en visitant l'école supérieure de Bâle (Suisse) :

Il en est un qui m'a surtout paru charmant :
Les jeunes filles (trente environ), rangées sur deux files, sont divisées en trois groupes; à un signal donné le premier groupe commence, en chantant, une sorte de pas de valse accompagné de mouvements des plus variés et des plus gracieux; puis le deuxième groupe commence à son tour et le chant et la série des mouvements; le troisième vient enfin se joindre aux deux premiers : c'est un canon; les différentes séries de mouvements exécutés par les trois groupes forment un tout, un ensemble harmonieux, absolument comme les trois parties différentes du morceau de musique forment un chœur.

Il y a encore un exercice que les hygiénistes tiennent pour le plus parfait de tous : nous voulons parler de la danse.

C'est, dit encore le docteur Rochard, le jeu qui a le plus d'attrait pour la majorité des jeunes filles et celui qui leur convient le mieux. Je ne veux pas parler de la danse à laquelle elles se livrent plus tard en toilette de bal, au son d'un orchestre, dans l'atmosphère impure et surchauffée des salons : celle-là n'a rien à voir avec l'hygiène. Je veux parler de la danse naïve et primitive des petites filles qui tournent en rond sur l'herbe en se tenant par la main et en chantant de bons vieux airs français que la tradition a conservés et qu'elles se transmettent les unes aux autres.

La danse, en effet, pratiquée dans un endroit où l'air est pur, favorise le jeu des poumons et celui des attitudes; elle entretient et développe chez la jeune fille l'aisance et la grâce des mouvements et elle lui apprend à se présenter convenablement, à marcher, à saluer, à s'asseoir, à se lever avec aisance et d'après les règles du bon maintien. Dans les pensionnats c'est souvent le seul moyen de faire remuer les grandes élèves qui préparent des examens : pour celles-là, une demi-heure de danse tous les soirs, c'est presque le salut.

Nous conjurons donc les institutrices de s'occuper sérieusement de l'éducation physique de leurs élèves comme d'une partie très importante de leur tâche. Qu'elles-mêmes donnent l'exemple : que, pendant les récréations, elles se mêlent aux élèves, réfrènent l'ardeur des unes, secouent la torpeur des autres; que l'hiver elles ne surveillent pas emmitouflées et immobiles dans un coin de la cour, et que surtout elles se maintiennent en état de donner personnellement l'enseignement de la gymnastique. Nous leur prédisons qu'à ce prix elles se conserveront jeunes longtemps, que leur santé sera toujours excellente et qu'elles triompheront plus aisément des fatigues de l'enseignement.

CINQUIÈME PARTIE

L'ÉDUCATION INTELLECTUELLE

1. — Généralités.

Pascal a dit : « Tous les corps et tous les esprits et toutes leurs productions ne valent pas le moindre mouvement de charité. » Or ce mouvement est la respiration même du cœur féminin. Les femmes vivent surtout par le cœur. Est-ce à dire qu'elles ne doivent pas chercher à développer leur intellectualité? Bien au contraire ; elles doivent développer leur intellectualité propre, qui n'est pas l'intellectualité masculine. Les femmes sont impressionnables, sensibles, aimantes, dévouées ; elles ne pensent donc pas comme les hommes, qui sont plus froids, plus réfléchis, plus égoïstes. Le sentiment peut tout faire entrer dans l'esprit d'une femme. Par l'intuition, elle apprend vite, elle imite facilement et rapidement ; elle a le don de la parole. De fait, les filles se développent et se forment plus vite que les garçons.

On tiendra compte, dans les écoles de filles, de ces dispositions spéciales.

Les institutrices, qui n'ont obtenu leurs grades qu'à la suite d'examens préparés longuement et fiévreusement, sont assez disposées à presser leurs élèves dans le travail de classe, qu'elles obligent à continuer souvent à la maison. Il faut réagir contre cette tendance. C'est surtout aux filles qu'il faut appliquer le mot quelque peu paradoxal de Jean-Jacques Rousseau, que « la plus utile règle de toute éducation, ce n'est pas de gagner du temps, c'est de savoir en perdre ».

Mme Pape-Carpentier tient presque le même langage :

Qu'on se défende contre ce zèle irréfléchi ou cette vanité coupable qui veut obtenir de l'enfant tout ce que son intelligence élastique peut produire, au risque de l'épuiser, au risque de tuer le fruit dans la fleur.

Suivons les conseils de la nature, laquelle procède généralement avec lenteur.

Il n'est pas rare d'entendre les mamans se plaindre que leurs petites filles sont nerveuses, agitées... Et malheureusement cette nervosité se continue, car elle n'est que trop fréquente chez les femmes. Cette nervosité, véritable maladie endémique de notre temps, provient de ce que les femmes veulent tout faire, tout lire, tout voir. On nous raconte qu'en Amérique, les femmes, détraquées par une activité trop artificielle, en sont réduites à se mettre de longs mois au repos et dans l'obscurité, à faire des *cures de lenteur*.

Nous n'en sommes pas encore là en France.

Mais, néanmoins, habituons les jeunes filles à travailler tranquillement et à ménager leurs ressources intellectuelles. D'ailleurs, n'oublions pas que l'école n'a pas mission de tout enseigner. On a toute la vie pour apprendre.

L'éducation des sens, qui est surtout importante à l'âge où la petite fille peut fréquenter l'école maternelle, se fait pour cette petite fille comme pour le petit garçon. Pourtant il convient, pour elle, de ne pas exagérer cette éducation. La femme est douée d'une extrême sensibilité, qui fait qu'elle est impressionnée bien plus vite que l'homme et qu'elle réagit également bien plus vite. A multiplier chez elle les sensations, on avive peut-être la perception, mais on en diminue la sûreté. Toutefois à l'école maternelle on constate que les petites filles, qui reçoivent les mêmes notions visuelles et auditives que les garçons, les élaborent plus difficilement, car lorsqu'il s'agit de répondre, pendant les leçons de choses, par exemple, aux questions de la maîtresse, les garçons sont les premiers à parler et on se plaint, à ce sujet, de ce que les filles semblent indifférentes. Elles ne sont point indifférentes : dans le jeune âge, elles saisissent moins facilement les différences et les ressemblances, ce qui n'est pas une infériorité, mais ce qui les empêche de les indiquer promptement. La construction, d'après un système préconçu, de la vie intérieure de l'esprit est plus laborieuse pour la petite fille que pour le petit garçon. C'est pourquoi, même dans l'éducation des sens, il importe de ne pas se presser lorsqu'il s'agit des filles, et de suivre, là encore, les indications de la nature.

Car enfin, si l'on a pu dire qu'en France, « ce qu'il y a de plus rare, c'est une femme bête », partout la femme a une intelligence naturelle. En mettant de côté les différences qui tiennent à la culture, on trouve dans tous les pays la femme aussi bien douée que l'homme pour les choses de la vie pratique, qui sont les choses essentielles. Chez les paysans et dans les classes moyennes, c'est ordinairement la femme qui est la tête du ménage, qui a le plus de prévoyance, d'ordre, d'économie, d'esprit de conduite. L'homme ne lui est supérieur que par l'activité et le savoir techniques, par la faculté de s'élever aux conceptions d'ordre général et par la patience dans la recherche de l'inconnu et la poursuite d'un idéal.

Ne violentons pas la nature. Suivons-la sagement; aidons-la, et faisons en sorte également qu'elle nous aide dans notre œuvre.

Nous avons dit qu'il y avait presque identité entre jeunes garçons et jeunes filles lorsqu'il s'agit de l'éducation des sens. Au point de vue pratique, il y a lieu de prendre plus de précautions, plus de ménagements lorsqu'il s'agit des filles seulement. Soit qu'il s'agisse de la vue ou de l'ouïe, de l'ouïe surtout, les impressions doivent être plutôt douces que fortes, agréables que violentes. Par le toucher, on visera plutôt la délicatesse que l'énergie. Par l'éducation du goût et de l'odorat, on cherchera à diminuer la sensualité en proscrivant, par exemple, l'abus des friandises et des parfums, abus dans lequel les femmes tombent si facilement.

N'oublions pas non plus qu'il ne s'agit point, par l'éducation des sens, d'obtenir simplement l'acuité de la vision, la finesse de l'ouïe, la facilité de se reconnaître au milieu du monde matériel, ou d'amuser les jeunes filles ; il s'agit déjà de leur fournir les assises de leur intelligence, de les construire en dedans, c'est-à-dire de les « instruire ».

2. — Imitation.

L'imitation est une disposition naturelle à reproduire la voix ou les gestes des autres personnes. L'enfant imite de très bonne heure. C'est même par imitation seulement qu'il apprend à marcher, à parler, etc. On utilise plus tard cette précieuse faculté pour l'éducation. Une femme d'expérience disait : « Les filles singent mieux que les garçons. » Il est exact que les filles ont une prodigieuse facilité à imiter. Dans leurs jeux, elles reproduisent instinctivement les paroles des gens qu'elles connaissent ; elles apprennent très vite, par imitation, à coudre, à broder, à faire de la tapisserie, des fleurs artificielles, etc. Il y a là une force à utiliser en éducation. Mais on imite le mal aussi facilement que le bien : les maîtresses veilleront donc à ce que les jeunes filles ne soient entourées que de bons exemples; elles prendront garde aux tics, aux manies que l'on imite si facilement, aux crises de nerfs qui se transmettent si vite d'élève à élève. Enfin, il conviendra d'amener les enfants à copier moins servilement, à agir d'après leur propre façon de sentir et de comprendre, en un mot, à s'affranchir de l'imitation.

3. — Attention.

L'attention est une puissance générale de toutes les facultés intellectuelles; c'est l'instrument indispensable de la vie pratique. On distingue l'*attention*, qui s'applique aux choses extérieures à nous, de la *réflexion*, qui, dit M. Janet, exprime le retour de l'esprit sur lui-même et sur sa pensée. Toutes deux sont nécessaires aux jeunes filles. Les toutes petites sont étourdies; les plus grandes ont du vague dans l'âme. Il s'agit pour la maîtresse de savoir obtenir, par l'intérêt de ses leçons, ce que l'on appelle l'attention spontanée et, par des exercices sagement gradués, l'habitude de la réflexion, qui suppose l'attention volontaire. Il faut obliger les élèves à être tout entières à ce qu'elles font et utiliser prudemment à ce propos leur curiosité naturelle.

Il ne faut pas se figurer toutefois que le meilleur moyen de rendre les jeunes filles attentives soit de les tenir constamment en haleine; loin de là. Ce serait les fatiguer et les rendre incapables d'une véritable attention. Il y a des moments de relâche nécessaires à l'esprit comme au corps.

Ces réserves faites, rappelons-nous que les jeunes filles chez lesquelles on n'aurait pas développé convenablement cette importante faculté pourraient nous le reprocher plus tard, lorsqu'elles auraient à souffrir des conséquences de leur étourderie et de leur incapacité à pouvoir s'appliquer.

4. — Mémoire.

La mémoire des femmes n'est discutée par personne. Beaucoup leur accordent cette faculté afin de pouvoir plus aisément leur discuter toutes les autres.

Il est incontestable qu'aux examens, les femmes triomphent presque toujours dans les épreuves où la mémoire tient le principal rôle; tous les professeurs ont pu notamment remarquer qu'en histoire, elles savent imperturbablement les détails chronologiques ou anecdotiques.

Nous l'avons déjà dit, l'écolière emmagasine les connaissances avec une très grande facilité. Ses compositions ne sont souvent que des reproductions.

On prétend même qu'une mémoire excessive ne s'accorde pas avec un bon jugement... Ce n'est pas toujours vrai; mais, en éducation, il faut le redouter.

Que les maîtresses n'abusent donc pas de la facilité de mémoire de leurs élèves; qu'elles leur demandent d'être, comme disait Gœthe : « une voix et non un écho », et d'avoir des opinions à elles.

Il faut recommander aux jeunes filles d'apprendre avec attention. L'attention facilite la compréhension, classe les choses dans l'esprit et assure la ténacité du souvenir. Dans certains pensionnats on recourt quelquefois à la mnémotechnie, à tort selon nous, car les procédés qui en dérivent, plus ingénieux qu'utiles, souvent grotesques, assujettissent l'esprit à un mécanisme servile qui en paralyse l'essor. Ces procédés artificiels ne donnent que l'illusion de la mémoire : en réalité ils ne soutiennent pas l'épreuve du temps et ne servent de rien dans la pratique de la vie.

5. — Imagination.

L'imagination est cette faculté que possède notre esprit de se représenter des images, indépendamment des impressions extérieures qui agissent sur lui. Elle se distingue profondément de la mémoire, bien qu'elle ait quelque analogie avec elle, lorsqu'il s'agit du passé. La mémoire est calme, l'imagination est ardente et portée à se nourrir de chimères. Les femmes ont beaucoup plus d'imagination que les hommes, et il serait à souhaiter qu'elles en eussent moins, car en exagérant leurs peines, leurs craintes, leurs espérances, elles se préparent de la douleur et des déceptions. Ecoutons Mme de Lambert (*Avis d'une mère à sa fille*) :

> L'imagination, chez les femmes, est souvent la seule faculté qui travaille ; elle décuple, si elle ne fait à elle seule, la vivacité de leurs plaisirs et de leurs peines..! Je sais qu'en la réglant vous prenez sur les plaisirs..., que c'est elle qui met dans les choses le charme et l'illusion qui en font l'agrément ; mais, pour un plaisir de sa façon, quels maux ne vous fait-elle point ! elle est toujours entre la vérité et vous ; la raison n'ose se montrer où règne l'imagination. Les gens qu'elle gouverne savent ce qu'elle fait souffrir. Ce serait un heureux traité à faire avec elle que de lui rendre ses plaisirs, à condition qu'elle ne vous ferait pas sentir ses peines.

Heureusement que l'imagination est loin de présenter les mêmes caractères chez les jeunes filles. Toutes ne chargent pas en elles au même degré le tableau des choses passées ou à venir. Il y en a même qui n'ont pas beaucoup d'imagination.

L'imagination demande à être cultivée soit pour être développée quand elle est insuffisante, soit pour être atténuée, corrigée, quand elle est trop ardente. L'imagination tempérée n'est plus cette faculté appelée par Malebranche « la folle du logis », ou par Pascal « l'ennemie de la raison ».

On corrige l'imagination par les exercices de jugement et par l'étude des sciences exactes.

L'imagination représentative, qui nous fait voir, en quelque sorte, les yeux fermés, ce que nous avons déjà vu les yeux ouverts, est une aide pour la mémoire. L'imagination créatrice, la vraie, celle qui invente ou qui combine sous des formes nouvelles les images empruntées à la mémoire, est l'inspiratrice des poètes, des peintres, des musiciens, etc. ; elle est la condition même du génie.

Il est vrai que l'on conteste à la femme cette faculté créatrice et que l'on prétend qu'elle n'a jamais rien inventé, pas même sa quenouille. Il ne faut rien exagérer. Les femmes inventent moins que les hommes en raison de l'éducation qu'elles ont reçue jusqu'à ce jour, de leur mode de vie et de leurs habitudes d'esprit traditionnelles ; mais elles inventent. Instruisons-les et l'avenir répondra.

Il est souvent difficile d'éliminer de l'éducation tout ce qui est fabuleux. On ne peut en supprimer les contes ni en proscrire tout à fait le merveilleux. Mais combien de précautions à prendre pour que ce merveilleux ne serve qu'à moraliser ou à enchanter ! Gardons-nous surtout de jeter la terreur dans l'esprit des toutes jeunes filles en leur parlant de loups-garous, de sorcières, de revenants, du diable, de l'enfer, etc. ; et veillons à ce que les grandes ne prennent trop vite goût aux aimables, mais souvent pernicieuses fictions des romans.

6. — Curiosité.

On a dit que la curiosité était la « mère de la science ». Les femmes, qui sont curieuses, ont-elles cette curiosité supérieure qui produit le doute, la réflexion, le besoin de chercher à connaître, qui permet de comprendre, de juger, en un mot qui conduit à la raison et au vrai savoir?

Or, on prétend que les femmes ont plutôt cette curiosité inférieure, souvent empressée, ardente, qui recherche les détails, les menues nouvelles, les petits secrets, et qui est liée à un autre besoin, celui de raconter...

Admettons encore que la femme use plus que l'homme de la curiosité futile, et profitons de ce fait pour lui inculquer la curiosité large, désintéressée et véritablement intellectuelle. Il n'est pas nécessaire aux progrès de la science que les femmes cherchent à doubler les hommes en toutes choses, à produire parmi elles des Descartes ou des Pasteurs.

Mais, comme l'a dit Victor Cousin : « Ou la femme n'est pas faite pour être la compagne de l'homme, ou c'est une contradiction inique et absurde de lui interdire ce qui lui permet d'entrer en commerce spirituel avec celui dont elle partage la destinée, de comprendre au moins ses travaux et de ressentir un peu les luttes auxquelles il se livre. »

7. — Jugement.

Nous n'empêcherons jamais les femmes de juger avec leur cœur, et l'on sait que « le cœur a des raisons que la raison ne connaît pas ». Élevons-les donc, non pour leur donner l'intellectualité masculine, mais pour discipliner leur propre intellectualité, de façon à rendre plus utile leur collaboration aux travaux des hommes.

Dès qu'une jeune fille commence à être capable de réflexion, il faut la forcer à rentrer de temps en temps en elle-même, à se rendre compte de ses déterminations, à savoir, avant d'entreprendre une chose, pourquoi et comment elle doit la faire, et à se demander, après l'avoir faite, si elle agit ou non d'après le bon sens et la raison.

C'est ainsi que nous l'habituerons à juger moins impulsivement et par conséquent plus sainement.

Que l'on ne redoute pas, par la culture précoce du jugement, de faire perdre aux enfants et aux adolescentes les grâces de leur âge et d'anticiper ainsi sur la vieillesse. La nature ne se laissera pas vaincre entièrement sur ce point, et d'ailleurs, les femmes, comme les hommes, ont besoin d'avoir le sens pratique des choses de la vie. Une charmante femme n'est pas nécessairement dépourvue de jugement, au contraire.

SIXIÈME PARTIE

L'ÉDUCATION MORALE

1. — Généralités.

Comme nous l'avons déjà dit dans notre ouvrage, *Les Écoles urbaines*, à l'école primaire surtout, à l'école publique, il n'y a pas lieu de discuter les principes de la morale. Les institutrices, comme les instituteurs, doivent s'inspirer des instructions ministérielles annexées au programme officiel de 1887.

L'école publique est une école neutre au point de vue confessionnel. Les maîtresses doivent donc y pratiquer la neutralité qui implique le respect de toutes les croyances, y compris le respect de ce que l'on appelle de nos jours « la libre pensée ». Et il serait à désirer que, dans les écoles privées, qui appuient leur enseignement moral sur des principes religieux, on pratiquât la même tolérance. On éviterait ainsi l'antagonisme qui, en France et en Belgique, par exemple, met aux prises certains partis. « On ne saurait trop, dit à ce propos M. Levasseur, conseiller la modération de part et d'autre; mais c'est plus facile de la conseiller que de l'obtenir. »

Il n'est pas contestable que les principes religieux peuvent servir à l'éducation des femmes. Sentir sa conscience morale appuyée, soutenue par l'idée d'un être souverain qui nous voit, nous assiste et nous juge est d'un grand secours pour la fragilité de l'âme féminine et, en tous cas, c'est une croyance respectable, que regrettent ceux qui ne l'ont plus et que ne peuvent apprécier ceux qui ne l'ont jamais eue.

La religion, quoi qu'il y paraisse, reste la plus grande puissance de ce monde. Je dis la religion, je ne dis pas telle ou telle confession religieuse. Elle seulement transporte de douleur ou de joie l'homme avec une souveraine autorité dans le centre même de son être; elle le saisit dans ce qu'il a d'affinité pour l'infini, pour l'éternel, pour le parfait, pour l'immuable. (M. Pécaut, *Quinze ans d'éducation.*)

Et c'est Littré lui-même qui dit :

Je me suis trop rendu compte des souffrances et des difficultés de la vie pour vouloir ôter à qui que ce soit des convictions qui le soutiennent dans les diverses épreuves.

Mais croire et savoir sont deux.

A l'école, le but qu'on se propose est de savoir. On y enseigne au nom de la science et de la raison et non pas au nom de la foi; mais on n'y enseigne pas non plus, et nous ne pensons pas qu'on ait le droit d'y enseigner, au nom de l'athéisme, qui répugne encore beaucoup aux consciences féminines.

L'enseignement moral cherche en ce moment, en dehors du sentiment religieux, une base que chacun puisse accepter. Des philosophes distingués préconisent tantôt la solidarité, tantôt l'intérêt, tantôt la sensibilité, tantôt la raison, etc.

En vérité, la morale n'a pas de base unique. La moralité est au fond de l'âme humaine, et elle a progressé comme a progressé l'humanité. Tout ce qu'on veut lui donner comme soutien exclusif n'est qu'un de ses facteurs. En morale le système n'est rien, les résultats sont tout. C'est dire que, pour former des jeunes filles morales, les éducatrices doivent invoquer les mobiles qui paraissent le mieux convenir à chacune des élèves.

D'ailleurs les institutrices n'ont qu'à parcourir le programme officiel de morale de 1887, elles y verront se détacher nettement l'idée philosophique et rationnelle du devoir, commune à tous les honnêtes gens, qu'ils appartiennent ou qu'ils n'appartiennent pas à des confessions religieuses. Qu'autour de cette idée, elles fassent intervenir tel ou tel principe, tel ou tel mobile pour éveiller et développer le sens moral de leurs élèves, si elles y réussissent, c'est qu'elles auront découvert le meilleur moyen de communiquer leur propre moralité aux jeunes âmes dont elles ont la charge.

Ce n'est pas là, insistons-nous encore, un enseignement qui contredit l'enseignement confessionnel, que les familles sont toujours libres de faire donner par les ministres des cultes. Mais c'est un enseignement qui peut, qui doit se suffire.

Non seulement, dit M. Jules Gautier, dans une revue pédagogique, l'enseignement de la morale nous paraît possible en dehors de tout dogme positif, mais il nous paraît indispensable aussi bien pour les jeunes filles que pour les jeunes gens... Faire comprendre aux jeunes filles la religion du devoir; leur montrer qu'il doit être recherché et accompli pour lui-même, que sa loi s'impose catégoriquement à tout être humain; suivre l'accomplissement de ce devoir dans l'histoire, dans la littérature, dans la vie de tous les jours, dans leur modeste existence personnelle, n'est-ce pas là chose salutaire? Quelle religion peut s'en trouver froissée et atténuée? En pareille matière, deux sûretés valent mieux qu'une.

De ce que l'institutrice n'a aucun précepte religieux à enseigner, il ne s'ensuit pas que, dans certaines circonstances, elle n'ait pas à intervenir à propos des exercices du culte. Ainsi, dans les pensionnats, l'institutrice remplace les familles, et elle leur est encore substituée dans l'intervalle des deux classes lorsque les enfants restent à l'école. Il en est de même dans les colonies scolaires : les institutrices ne peuvent se soustraire alors à l'obligation d'accompagner les élèves qui, sur la demande expresse des parents, doivent se rendre aux offices.

En dehors de ces cas, qui sont peu fréquents, l'institutrice, libre d'accomplir, à titre privé et si elle le juge à propos, tous les devoirs de la religion qu'elle professe, ne peut, comme institutrice et du fait de ses fonctions, assister à la tête de ses élèves aux manifestations du culte.

C'est ce qui ressort nettement de la circulaire ministérielle du 6 avril 1903, où il est dit encore :

... La pensée constante de mes prédécesseurs a été d'assurer la neutralité de l'école, de la dégager des liens confessionnels qui ont, pendant des siècles, pesé sur elle, de séparer nettement le domaine de l'Eglise de celui de l'enseignement de l'Etat, persuadés que la paix des consciences et la bonne harmonie des citoyens ne peuvent être assurés qu'au prix de cette délimitation rigoureuse... L'instituteur n'a qualité ni compétence pour donner à la place du curé ou de son préposé l'enseignement du catéchisme. Il ne peut le faire répéter ni pendant les heures réglementaires de l'école ni dans les locaux affectés à l'enseignement.

Les règles de l'éducation morale sont les mêmes pour les garçons et pour les filles. Il n'y a pas deux morales. Les procédés sont donc les mêmes pour les deux sexes et nous n'avons qu'à renvoyer aux ouvrages ordinaires de pédagogie. Mais, nous l'avons vu, les femmes n'ont pas la même intellectualité que les hommes ; elles n'ont pas non plus les mêmes inclinations, les mêmes qualités, ni les mêmes défauts.

Une institutrice expérimentée ne s'y trompe point et, dans les applications de ses leçons de morale, elle sait bien ce qu'il faut encourager et ce qu'il faut réprimer chez son élève pour que celle-ci n'acquière que de bonnes habitudes.

La première condition pour réussir dans l'éducation morale, c'est de bien connaître le tempérament et le caractère de chacune de ses élèves. L'habitude prise par certaines maîtresses de noter, sur un carnet dit « de morale » ou « d'éducation », les observations importantes qu'elles sont à même de faire, est une habitude précieuse. Elle force à bien étudier l'enfant et suggère souvent le remède, s'il y a lieu. M. Leblanc, dans le rapport sur l'Exposition de 1900, publie les notes suivantes prises sur un carnet d'une école du IIe arrondissement de Paris.

Isabelle Z..., 9 ans 1/2, cours élémentaire, 2e année.

1. — L'enfant est élevée par ses parents. Le père est peintre en bâtiments; la mère, gilotière, est une ancienne élève de l'école que j'ai eue autrefois dans ma classe : je la retrouve dans sa fillette. Situation modeste; beaucoup d'ordre; enfant bien tenue.

2. — Isabelle est petite pour son âge; on ne lui donnerait pas huit ans; elle est brune, pâle, a l'air anémique. Elle tousse souvent et manque à chaque instant pour des rhumes, des migraines, des maux de cœur; en classe elle est souvent indisposée.

3. — Isabelle est d'un caractère assez difficile, bien qu'elle ne soit pas méchante; elle est taquine et ne supporte pas volontiers la taquinerie; elle s'emporte facilement et elle a parfois des crises de mauvaise humeur et de désobéissance pendant lesquelles il est impossible d'en rien tirer; elle boude pour un rien; mais elle a de l'amour-propre, de la volonté et, chez elle, il y a de la ressource; seulement il faut user de patience et de fermeté.

10 avril. — Isabelle vient d'avoir un petit frère; elle part à la campagne pour quelque temps.

Mai. — Isabelle est revenue; elle a facilement pris l'habitude de se reposer et j'ai quelque peine à la remettre en train. Heureusement l'idée de ne pas avoir de prix ne lui sourit pas du tout, et, comme je lui ai fait remarquer qu'elle avait perdu un grand mois, elle s'est dit qu'il fallait travailler sérieusement.

2. — Sensibilité.

La sensibilité, prise dans le sens général, est la faculté d'éprouver des émotions plus ou moins vives, de jouir et de souffrir, de désirer, de craindre, d'aimer et de haïr. Cette faculté, nous le savons, est beaucoup plus développée chez la femme que chez l'homme.

Qu'elle boude, ou qu'elle ait de soudaines allégresses, dit M. Marion, qu'elle rie ou qu'elle pleure, qu'elle s'exprime avec volubilité et expansion, qu'elle caresse, câline, embrasse, ou qu'au contraire, piquée, elle se renferme et se taise, qu'indignée, elle sanglote, ou bien que le jeu de sa physionomie trahisse seul son état intérieur, la petite fille déjà, la jeune fille surtout, la femme enfin à tout âge, n'est à peu près jamais indifférente, n'est pas une minute sans aimer ou haïr quelque chose ou quelqu'un, sans avoir quelque émotion au cœur.

Fénelon constate que « les filles se passionnent sur les choses même les plus indifférentes et qu'elles sont toutes pleines d'affections ou d'aversions sans fondement. » En effet, il y a des femmes qui recherchent tellement les émotions qu'elles ne peuvent vivre dans une situation tranquille; elles préfèrent une vie agitée, accidentée. Il y a des femmes qui sont malheureuses d'être trop uniformément heureuses. Les femmes inoccupées couvent leurs passions, et, selon Diderot, il en résulte un point fixe sur lequel leur regard est toujours attaché, qui s'étend sans mesure et qui peut conduire jusqu'à la folie. Cette suprême émotivité, cette excitabilité nerveuse de la femme doivent donc préoccuper l'institutrice qui aura à leur opposer la raison et tout ce qui peut leur faire contrepoids.

Dans le système de discipline qu'elle emploie, la maîtresse tiendra compte de l'extrême sensibilité de la jeune fille. Il ne faut à celle-ci que de légers stimulants, des punitions et des récompenses légères. On usera beaucoup du raisonnement. En pédagogie féminine, il est bon de s'astreindre à défendre rarement : on sait ce que produit sur les femmes l'attrait du fruit défendu.

Les enfants et les femmes pleurent facilement. Les larmes indiquent une extrême sensibilité. Elles sont quelquefois causées par des émotions véritables, le plus souvent par la douleur, la peine, le chagrin, quelquefois par le plaisir et le bonheur. Les hommes, qui sont plus maîtres de leurs émotions, savent retenir leurs larmes.

Les larmes, qui sont un soulagement, sont aussi un signe de faiblesse ; elles sont encore une ressource contre la force, un moyen d'apaiser la colère, de désarmer la sévérité, d'obtenir une grâce. C'est pourquoi il importe, pour l'institutrice, d'en bien connaître la cause, afin de ne pas se laisser tromper par des larmes provenant d'une sensibilité factice. Il faut savoir déjouer les ruses des petites filles gâtées et ne pas attacher d'importance à la sensiblerie des grandes. Le mieux, quand on découvre un peu de calcul dans les larmes, c'est d'y opposer le calme et même l'indifférence.

Si, en règle générale, on doit plutôt calmer la sensibilité des jeunes filles, il ne faudrait pas non plus chercher à la faire disparaître, car elle est l'origine de la sympathie, de l'amitié, de l'affection et même du dévouement. Il ne faut donc bannir de l'éducation des jeunes filles que ce qui exacerbe la sensibilité.

La sensibilité, qui a pour effet de porter l'âme à rechercher ce qui plaît, ce qui paraît bien, ou à fuir ce qui déplaît, ce qui paraît mal, influe donc sur la volonté, c'est-à-dire sur la faculté qu'on a de se déterminer et d'agir de telle ou telle façon selon son pouvoir personnel.

3. — Volonté.

La volonté de la femme dépend beaucoup des impulsions de son cœur, de la force et de la valeur de ses sentiments. Or, il faut, pour qu'il y ait réellement volonté, que l'impulsion et l'initiative soient uniques et durables. Chez la femme il y a souvent des impulsions diverses qui l'agitent et qui donnent lieu à des velléités contradictoires et brèves, à des caprices ou bien à une impulsion violente, irréfléchie, qui donne le vertige. Dans le premier cas, elle n'ose pas; dans le second, elle ose trop.

On sait aussi que les femmes, même les plus fortes, ont besoin d'un appui moral sur lequel elles se reposent volontiers. Elles manquent relativement d'initiative personnelle et les hommes semblent ne pas s'en plaindre, car ils ne trouvent pas une jeune fille « comme il faut » lorsqu'elle affecte une trop grande indépendance d'esprit et de conduite.

Dans l'éducation des filles, il y a lieu de diriger la volonté du côté des principes pour la dégager un peu du sentiment et de l'impulsion irréfléchie. Il va sans dire qu'il faut, chez tous les enfants, exiger l'obéissance à la règle; mais chez les jeunes filles il y a des précautions à prendre pour obtenir la soumission vraie, celle qui n'est pas le commencement de la duplicité sous les apparences de la résignation, ou pour éviter l'entêtement, cet entêtement féminin, sorte de force d'inertie, bien connu, et qui a partout été mis en proverbe. Il faut faire souvent appel à la raison, et, au lieu d'un commandement exprès ou d'un ordre positif, on peut se servir de formules d'invitation et de conseils. C'est par la persuasion qu'il faut amener à vouloir. Cette éducation de la volonté féminine offre en outre l'avantage de préparer de loin les jeunes filles, qui imitent si facilement, à avoir un jour pour un mari ou pour son entourage les mêmes ménagements dont on use avec elle, à s'abstenir du ton bref, impératif, absolu, qui sied si mal à la femme et qui éloigne l'amitié, provoque la résistance, fait naître la division.

4. — Égoïsme.

On nous représente assez souvent, à cause de sa sensibilité, la femme comme un être essentiellement égoïste. Mme Guizot dit que « les femmes ne s'intéressent aux choses que par rapport à elles-mêmes », et Mme Necker de Saussure, que chez la jeune fille « le désir de plaire et d'être aimée l'emporte de beaucoup sur la faculté d'aimer ». En réalité l'homme et la femme sont égoïstes, chacun à sa manière. L'homme, qui a des besoins plus grossiers à satisfaire, paraît plus violent dans ses désirs que la femme qui est moins esclave que lui de ses sens, qui mange moins, boit moins, n'aime pas les liqueurs fortes, ne fume pas, etc. Mais néanmoins la femme est beaucoup plus « personnelle », plus individualiste que l'homme. Elle tient beaucoup plus à ce qui est sa propriété. Déjà à l'école maternelle on peut remarquer que les petits garçons partagent et donnent plus volontiers que les petites filles. Les femmes, qui ont toujours peur de manquer de tout, ont de la répugnance à se dessaisir, et celles qui dépensent beaucoup le font par amour du luxe ou par vanité. Il y a là certainement quelque chose à rectifier par l'éducation, et, indépendamment des goûts altruistes à donner à la femme par le développement de la bonté intelligente, le cours d'économie domestique pourra leur apprendre que l'épargne n'est pas toujours le meilleur emploi des ressources, pas plus que la prodigalité n'en est la bonne utilisation.

L'amour de soi, dit Jean-Jacques Rousseau, est toujours bon et toujours conforme à l'ordre. Chacun étant chargé spécialement de sa propre conservation, le premier et le plus important de ces soins est, et doit être, d'y veiller sans cesse, et comment y veillerait-il ainsi, s'il n'y prenait le plus grand intérêt ?

On peut donc s'aimer soi-même ; mais s'aimer seul, tout rapporter à soi, n'agir et ne penser que pour soi, voilà un fléau que les institutrices doivent combattre de toutes leurs forces.

Malheureusement, l'égoïsme se développe plutôt dans les familles qu'à l'école, surtout dans les familles où il n'y a qu'un ou deux enfants : la petite fille y est choyée, adulée, disons le mot, gâtée. Les égards, les prévenances que son âge, sa gentillesse, sa faiblesse et le désir de plaire à ses parents lui attirent des personnes qu'elle connaît lui sont excessivement sensibles, lui font croire qu'elle est supérieure aux autres et que les hommages qu'elle reçoit lui sont dus.

L'institutrice, si elle peut le faire, démontrera à la famille qu'elle dessèche le cœur de son enfant, qu'elle n'en fera, le plus souvent, qu'une ingrate et une malheureuse ; ingrate, parce que la jeune fille gâtée ne croit pas au désintéressement de ses parents ; malheureuse, parce que dans la vie, plus tard, elle verra ses illusions tomber en même temps que ses flatteurs s'éloigner.

C'est à la jeune fille égoïste qu'il faut demander des services, plutôt que de lui décerner des compliments. Dans l'école, dans la famille, sachons discrètement la faire agir pour le bien des autres. Puisque l'égoïsme est la source de beaucoup de défauts, opposons-lui le dévouement, qui entraîne le désintéressement, l'humanité, le pardon des injures, la modestie, la complaisance, douces ou fortes vertus qui embellissent ou honorent notre vie.

5. — Vanité.

Une des formes féminines de l'égoïsme est la vanité et la coquetterie, qui correspondent chez les hommes à l'orgueil et à la fatuité. Fénelon redoute la vanité dans les filles et La Rochefoucauld dit que la coquetterie est le fond de leur humeur. La femme a un besoin naturel d'être aimée. Elle cherche à plaire parce que c'est là sa force, et, quand elle y réussit, c'est pour elle une grande satisfaction. Il est donc assez logique qu'elle veuille avoir de l'esprit et de la beauté. Dès l'enfance, se manifestent ces dispositions. Le jeune garçon prend gaiement ses ébats sans s'occuper de ce qui se passe autour de lui; la jeune fille, au contraire, ne se laisse pas absorber par ses amusements au point de se perdre de vue non plus que les personnes qui l'entourent et la regardent. Elle se préoccupe plus des effets qu'elle produit que du jeu lui-même.

Aux jeunes filles qui ont quelque mérite, le témoignage de la conscience ne suffit pas, il leur faut l'approbation d'autrui, les éloges, les applaudissements.

Les institutrices n'abuseront donc pas des louanges envers leurs élèves ; elles recommanderont à celles-ci de s'habiller simplement ; elles prohiberont toute espèce de bijoux dans la classe.

Il est évident qu'une femme doit s'habiller avec goût ; mais on sait que malheureusement, dans les petites et dans les grandes villes, le démon de la toilette perd souvent les femmes et ruine les ménages ; la course aux chapeaux et aux corsages y est effrénée; on y lutte pour la primauté somptuaire; on passe son temps à changer de costume. Ce sont là des mœurs déplorables dont le spectacle est dangereux pour les filles du peuple.

En ce qui concerne les bijoux, l'institutrice perdrait probablement son temps à rappeler que leur origine rappelle l'idée d'esclavage, que, chez les Romains par exemple, on perçait les oreilles des esclaves pour y introduire des anneaux afin de marquer leur état de dépendance, qu'on leur attachait encore au poignet une plaque sur laquelle était gravé le nom de leur maître. Ces accessoires de la toilette ont trop de prix aux yeux pour qu'on puisse espérer qu'elles s'en priveront lorsqu'il leur sera possible de s'en procurer. A l'école, avons-nous dit, il faut les interdire. D'ailleurs, nous avons remarqué assez souvent que les écolières qui en portaient n'étaient pas celles qui avaient les oreilles, les mains et les poignets les plus propres : la bague blanche d'argent orne quelquefois assez mal un doigt dont l'ongle est « en deuil », et le bracelet fait aussi quelquefois ressortir autre chose que la blancheur du poignet. D'ailleurs, à l'école, les bijoux se perdent facilement en jouant; ils sont alors piétinés, déformés, brisés; ils peuvent être aussi la cause d'accidents : ainsi, dans une école de Paris, une jeune fille a eu récemment l'annulaire entièrement arraché à cause d'une bague très forte qu'elle portait à ce doigt.

6. — Jalousie.

La pire conséquence de l'amour-propre et de la vanité chez la femme, c'est la jalousie. La femme n'admet pas facilement qu'on loue une autre femme en même temps qu'elle. L'homme est jaloux quand il aime, et il paraît que la femme l'est même quand elle n'aime pas. On a vu des femmes aimant leur mari, être jalouses de la situation honorée de celui-ci, et d'autres femmes souffrir dans leur amour-propre de ce que leur époux n'obtenait pas les honneurs conférés à d'autres. Dans l'intimité, la femme laisse assez volontiers éclater la prétention d'appartenir à une famille supérieure à celle de son mari.

Une jeune fille jalouse est dans la crainte continuelle de se voir préférer quelqu'un, d'être moins aimée, moins estimée, moins recherchée qu'une autre, et, par suite de cette funeste préoccupation, elle est triste, susceptible, exigeante, injuste envers ses compagnes et peut même devenir méchante. On connaît cette histoire d'une jeune fille, toujours la première de sa classe et pourtant toujours dépitée de ne pas avoir beaucoup plus de points que la seconde.

7. — L'émulation.

Ceci nous amène à prémunir les maîtresses contre l'abus de ce principe de discipline qu'on appelle l'émulation.

Bien que La Bruyère ait dit que : « quelque rapport qu'il paraisse de la jalousie à l'émulation, il y a entre elles le même éloignement que celui qui se trouve entre le vice et la vertu », il faut prendre garde chez les filles de développer la jalousie, la haine même par l'agitation excessive que causent les comparaisons de notes, les compositions de classement, les concours pour l'obtention de prix, etc. Les pédagogues féminins comme Mme de Genlis, Mme Campan, Mme Necker de Saussure, acceptent facilement l'émulation dans l'enseignement des écoles et la rejettent pour l'éducation domestique.

Il faut généralement, dit Mme Guizot, éviter l'emploi de l'émulation dans l'éducation particulière, où la concurrence se concentre d'ordinaire entre deux enfants toujours les mêmes, toujours en présence.

Il est impossible évidemment de se priver, dans l'enseignement collectif, d'un moyen si puissant d'excitation au travail et de perfectionnement individuel que celui de la comparaison avec les autres ; aussi est-ce l'abus seulement qu'il faut redouter. D'ailleurs, c'est surtout aux filles qu'il conviendrait d'inculquer l'émulation dans le sens de faire le mieux possible et non pas de faire mieux que les autres. Rousseau a dit « qu'Emile devait être l'émule de lui-même ». M. Buisson, lorsqu'il était directeur de l'Enseignement primaire, a traduit cette idée dans la pédagogie pratique par la création du « cahier spécial de devoirs mensuels », dont les instituteurs et institutrices ne se sont pas servis avec assez d'empressement ni de persévérance. Les recommandations qui se trouvent à l'intérieur de la couverture de ce cahier sont les plus admirables conseils que l'on puisse donner à la jeunesse pour son perfectionnement par l'idée de l'émulation personnelle. Il y est dit notamment ceci :

Enfant ! faites en sorte de pouvoir regarder cet abrégé de votre vie scolaire sans avoir à en rougir ! Il n'est pas indispensable pour cela que vous soyez un des premiers élèves de votre classe : l'avantage de ce cahier, c'est précisément qu'il n'a pas pour but de vous comparer avec vos camarades, mais de vous comparer successivement vous-même avec vous-même. Il ne s'agit pas de montrer si vous êtes plus intelligent, plus habile, plus instruit que tel ou tel autre élève, mais bien de montrer, chaque année, chaque mois, si vous êtes plus habile et plus instruit que vous ne l'étiez auparavant, si vous avez tâché de valoir mieux aujourd'hui qu'hier, si vous tâcherez de valoir mieux demain qu'aujourd'hui.

C'est ce que M. le recteur Théry, dans ses *Conseils aux mères de famille*, disait déjà en 1846, c'est-à-dire il y a plus d'un demi-siècle :

Il existe une sorte d'émulation beaucoup moins vive, mais beaucoup plus praticable dans l'éducation des jeunes filles, c'est celle qui consiste à se comparer à soi et non aux autres. Ainsi d'un mois à l'autre, d'une semaine à l'autre, notre élève ne se ressemble pas ; elle est plus ou moins docile, elle est plus ou moins zélée... Elle n'exercera pas avec le même soin ses facultés. Nous n'excluons pas de l'éducation de la jeune fille le mobile de l'émulation, mais nous recommandons plutôt l'émulation de soi-même que l'émulation des autres,

8. — Le mensonge.

La vérité est un besoin, c'est aussi un devoir. S'il y a une loi morale que l'espèce humaine ne puisse méconnaître, c'est la loi de vérité. Les femmes n'y échappent pas plus que les hommes. Ceux qui connaissent les femmes savent bien qu'elles ne peuvent garder un secret et qu'elles disent facilement, sinon toute la vérité, du moins une partie de la vérité ; mais, chez elles, la faiblesse les oblige souvent à ruser, et le mensonge, qui est malheureusement l'arme de la faiblesse, est aussi l'instrument de la ruse. Les femmes, au point de vue de la véracité, n'ont pas toujours eu une bonne réputation. Longtemps même la loi les a frappées d'incapacité testimoniale. Ce n'est que depuis peu qu'elles peuvent être témoins dans certains actes de la vie civile. Elles ont une tendance à l'exagération, « ce mensonge des honnêtes gens », dit Joseph de Maistre. Certaines femmes mentent, comme les enfants, soit pour cacher des fautes, des faiblesses, soit pour s'attirer des flatteries ou de la pitié. Une femme d'esprit, à qui l'on demandait ce qu'elle entendait par une femme vraie, répondit que « c'était celle qui ne mentait pas inutilement ».

Il faut se garder du mensonge dont l'habitude altère la personnalité, pervertit l'intelligence, dégrade le caractère, puisque les menteurs en arrivent souvent à croire eux-mêmes à leurs mensonges et à ne plus discerner, dans leur esprit, les choses vraies des choses fausses.

Il importe donc sur ce point de donner une forte éducation aux jeunes filles, afin de les amener à être toujours sincères et franches.

Les maîtresses elles-mêmes n'useront jamais d'artifice pour obtenir de l'ordre ou du travail.

Ainsi, dit Fénelon, on ne doit jamais se servir d'aucune feinte pour les apaiser ou pour leur persuader ce qu'on veut.

Les maîtresses ne promettront rien qu'elles ne puissent tenir, et, quand elles auront promis, elles tiendront. Dans leur enseignement, elles donneront comme fiction ce qui n'est qu'une fiction. Inutile, bien entendu, d'insister. Ce n'est pas mentir que de dire ce qui ne trompe personne. Les contes, par exemple, resteront toujours « des contes ».

Les institutrices préviendront le mal en inspirant de la confiance à leurs élèves et s'efforçant d'avoir la leur. C'est par la douceur et la vigilance qu'elles obtiendront ce résultat.

Locke recommande de ne pas censurer le mensonge comme une faute ordinaire la première fois qu'on le surprend, d'en paraître étonné comme d'une chose tout à fait étrange et monstrueuse. Lorsque la maîtresse est seule à s'apercevoir d'un mensonge, elle ne doit pas intervenir publiquement : il est préférable qu'elle prenne son élève à part et qu'elle lui montre les inconvénients, les dangers et la honte, en un mot, les déplorables conséquences de chaque déviation au principe de vérité.

Mais, lorsque le mal s'est aggravé et qu'il est bien notoire et surtout lorsque la jeune fille ment avec impudence, il serait puéril d'user de ménagements. Il faut alors témoigner de la défiance, faire partager cette défiance aux autres et punir avec sévérité si cela devient nécessaire.

9. — Le bavardage.

On dit que les femmes sont bavardes et on leur en fait un reproche. « La langue est l'épée des femmes, dit un proverbe chinois, ..les ne la laissent jamais rouiller. » Faut-il voir dans le bavardage des femmes, dans cette volubilité de paroles qui distingue leur conversation, un don spécial à la maternité humaine ou bien un besoin de parler légèrement sans se donner la peine de penser profondément?

Il y a peut-être de ces deux choses dans le bavardage des femmes. Le bavardage, vilain mot qui vient de l'onomatopée désignant le babil des nourrissons, est le propre des mères.

Quel spectacle plus intéressant que celui d'un jeune enfant sur les genoux de sa mère au milieu d'un cercle de femmes! Toutes ont quelque chose à dire à l'innocente créature; toutes ont un talent merveilleux pour commenter ses cris, ses gestes, ses regards, pour provoquer son activité, sa pétulance, son rire; pour l'engager à répondre aux caresses qu'on lui prodigue, pour le faire parler, c'est-à-dire pour lui faire acquérir rapidement ce langage oral, langage supérieur à tous les autres langages, œuvre de longs siècles d'humanité. Mais qu'on ne se représente pas cet enfant dans les bras de son père au milieu d'une réunion d'hommes! Le contraste serait trop pénible!

Le bavardage féminin a aussi pour causes la curiosité, l'indiscrétion, la médisance, quelquefois la calomnie, ainsi que le genre de vie et d'occupation des femmes. En effet, on n'associe guère les femmes à la vie sociale et aux grandes affaires; elles travaillent plus manuellement que mentalement, et, si leurs doigts sont occupés, l'imagination et la langue sont libres. Les hommes désœuvrés, ceux qui sont à l'écart de la vie publique et de la vie pratique, sont bavards; « mais, a dit Erasme, quand il s'agit de jouer de la langue, sept hommes ne valent pas une femme ».

La nature semble donc disposer les jeunes filles à la causerie. De là la difficulté de faire observer le silence dans les écoles; de là ces chuchotements perpétuels qui troublent les exercices, quand ils ne dégénèrent pas en conversations bruyantes au milieu desquelles on ne peut rien démêler.

L'institutrice doit réprimer ces abus autant dans l'intérêt de l'ordre collectif que dans celui du calme et de la plénitude de l'esprit nécessaires à la santé intellectuelle. Il importe donc d'habituer de bonne heure les jeunes filles à bien réfléchir sur leurs impressions, à bien discerner leurs pensées avant de les exprimer, à savoir garder le silence à propos, à « tenir sa langue » (hold one's tongue) comme disent les Anglais.

Cela ne veut pas dire que l'école modèle est l'école absolument silencieuse et que la meilleure élève sera celle qui ne parlera pas, l'élève dite « sage ». Nous avons voulu seulement mettre en garde les institutrices contre les excès, les abus.

Une directrice d'école primaire supérieure de province attribue encore au bavardage, qu'elle appelle « le passe-temps favori » des élèves, le peu de goût que celles-ci mettent à jouer, à sauter, à danser pendant les récréations.

10. — Considérations finales.

L'éducation morale n'est pas une éducation négative. Pour les jeunes filles, comme pour les garçons, la vraie éducation morale est celle qui met en mouvement la volonté, qui dirige, et contient, s'il le faut, les tendances naturelles, qui tire de la conscience et du cœur des actes volontaires; elle exalte beaucoup plus qu'elle ne réprime. La discipline morale pour les jeunes filles ne peut être rigoureuse, et si dans ce chapitre nous avons particulièrement insisté sur la répression de certains défauts plus saillants chez la femme que chez l'homme, c'est dans le but d'appeler l'attention des maîtresses sur la nécessité de développer les qualités qui s'opposent à ces défauts et qui en sont le contrepoids. N'oublions pas d'ailleurs qu'un défaut est souvent l'exagération d'une qualité et que ce qui est défaut chez l'homme peut être qualité chez la femme.

Sans doute, au point de vue du caractère, il est désirable que les différences entre les deux sexes s'atténuent et que la femme prenne un peu plus conscience de ses obligations nouvelles et de sa responsabilité.

Une mère, une femme a besoin de faire preuve d'initiative, écrivait en 1900 Mlle Billotey, directrice de l'école normale de la Seine; elle a besoin de prendre une décision, d'intervenir efficacement dans l'éducation de ses enfants. Si elle est inapte à se conduire elle-même, si elle ne connaît pas le prix d'une action honnête, si elle ne sait pas au besoin sacrifier un peu de bien-être matériel à une question de dignité morale, elle ne pourra ni aider, ni conseiller utilement ceux qu'elle aime, et dans les moments d'épreuve, au lieu d'être l'appui et la consolation de son mari et de ses enfants, elle sera une charge de plus, une cause nouvelle d'inquiétude et d'embarras.

Ces remarques sont trop judicieuses pour ne pas être

pleinement approuvées. Mais l'évolution morale que nous désirons se fera avec l'aide du temps et de l'instruction. Gardons-nous néanmoins de vouloir par l'éducation viriliser les femmes. Nous n'y réussirions point, parce que l'âme féminine a ses racines dans les organes féminins, et si nous y réussissions, tous, peut-être, nous aurions à le regretter.

Les programmes de l'enseignement secondaire se signalent, au point de vue de l'éducation morale, par quelques différences entre ceux des lycées de garçons et ceux des lycées de filles. Dans l'enseignement primaire supérieur, les programmes comportent, pour l'éducation morale des filles, des observations générales dont on peut s'inspirer dans tous les établissements féminins et dont voici la reproduction intégrale :

Les maîtresses chargées de l'éducation morale dans les écoles de filles devront approprier leurs leçons au caractère de leur auditoire et insister sur certains devoirs particuliers qui s'imposent à la jeune fille et à la femme.

Devoirs de la jeune fille envers elle-même. — Fortifier son jugement et sa volonté en vue des obligations qui lui sont propres et des devoirs qui l'attendent dans la famille et dans la société. Ces recommandations familières s'étendent à la modestie dans le vêtement, l'attitude et le langage.

Devoirs de famille. — Rôle à la fois discret, modeste et efficace de la jeune fille dans la famille. Devoirs maternels de la sœur aînée. Devoir pour les jeunes filles de prendre part à tous les soins domestiques, non seulement sans répugnance, mais avec empressement.

Devoirs sociaux. — Il appartient à la femme, par la bonté, par la patience, par l'égalité d'humeur, de faire prévaloir sur l'idée de la lutte pour la vie l'idée de la concorde pour la vie. Sans discuter et sans récriminer, elle fera sentir ce que peuvent la persuasion, l'esprit de conciliation, l'amour de la paix, le respect mutuel.

Devoirs civiques. — Fille, sœur, épouse, mère de citoyens, la femme a exercé, dans tous les temps, une influence plus ou moins forte sur nos mœurs. Elle peut aujourd'hui, en raison de l'instruction plus variée et plus approfondie qu'elle reçoit, fortifier, ennoblir notre activité. La pitié et la charité sont ses dons naturels, et c'est tout naturellement encore qu'elle nous rappellera, dans la paix et dans la guerre, le respect des lois et l'amour de la Patrie.

Comme on le voit, ces instructions, tout en faisant discerner nettement le devoir, laissent une assez grande place aux autres mobiles : instinct, plaisir, impulsions du cœur, etc. Une maîtresse qui s'en inspirerait pleinement ne présenterait pas aux jeunes filles la vertu comme exclusive de toute joie, de tout bonheur ; mais, néanmoins, elle leur apprendrait que le *sentiment* est un guide quelquefois suspect et que le *devoir* doit être, coûte que coûte, la règle finale en toutes choses.

Terminons ce chapitre de l'éducation morale par quelques considérations assez délicates tirées des *Écoles urbaines* et applicables, par conséquent, aux écoles des villes :

Les maîtresses, disions-nous, prêcheront particulièrement le respect de la famille et en particulier le respect du mariage. Dans les grandes cités, les unions libres sont assez fréquentes et nettement avouées : il faut que les jeunes filles sachent bien que cette condition est une duperie pour la femme. Sans doute, nous avons connu des couples très respectables où l'homme et la femme vivaient réunis par le seul lien de la parole donnée, qui ont su vieillir ensemble et rester toujours de jeunes amis. Mais combien d'exemples contraires ! Combien de malheureuses qui, après avoir donné toute leur fraîcheur, toute leur jeunesse à l'homme, sont chassées comme des servantes lorsqu'elles ont perdu la domination précaire que leurs charmes leur avaient procurée. L'institution du mariage doit être relevée aux yeux du peuple, parce qu'elle est la citadelle de la société et l'asile le plus sûr de la femme et de l'enfant.

Les écolières des villes voient souvent la prostitution s'étaler honteusement dans la rue et sur les places publiques. Il faut être très prudent sur ce chapitre, que les parents ne devraient pas craindre, eux, d'aborder avec leurs enfants. Mais les institutrices n'interviendront que très discrètement et lorsque les élèves auront été témoins de scandales. Ce sera le cas de signaler au commissaire de police les allées et venues de filles suspectes dans le voisinage de l'école et de le prier de les faire cesser.

Une élève demandait un jour à sa maîtresse pourquoi on appelait « cocotes » les femmes qui se promenaient sur les trottoirs. L'institutrice, un moment déconcertée, reprit assez vite son sang-froid, et, au lieu de chercher à répondre évasivement, dit à peu près ceci : « D'un homme qui cherche à faire le beau, à faire l'important, on dit souvent : c'est un *coq*... D'une femme qui a les mêmes intentions, c'est une *coquette*. D'une autre femme qui pousse la coquetterie jusqu'à se dégrader en voulant plaire aux hommes dans la rue, on dit : c'est une *cocote*. « Cocote » est un terme de mépris, et la femme à qui on l'applique est une malheureuse qui a perdu toute dignité et que l'on doit plaindre de tout son cœur. » On ne pouvait guère se mieux tirer d'une mauvaise situation.

SEPTIÈME PARTIE

L'INSTRUCTION

1. — La lecture.

On apprend à lire matériellement de la même manière aux enfants des deux sexes, et ce n'est pas ici le lieu d'indiquer cette manière, qui varie, bien entendu, selon telle ou telle méthode employée, qu'on apprenne à lire avec ou sans épellation, avec l'ancienne ou la nouvelle épellation, avec l'épellation *bé*, *cé*, *dé* ou l'épellation *be*, *ke*, *de*, pour laquelle le pédagogue mondain, M. Marcel Prévost, professe une si profonde admiration, qu'on emploie ou qu'on n'emploie pas les procédés phonomimiques; l'essentiel, c'est d'apprendre à lire.

Lire c'est percevoir des yeux, avec la connaissance de la valeur des caractères, ce qui est écrit par quelqu'un et qui renferme sa pensée; c'est aussi prononcer à haute voix le contenu d'un livre.

Les enfants, lorsqu'ils commencent à comprendre les textes, lisent un peu comme ils parlent ; c'est pourquoi il importe de les habituer de bonne heure à bien parler, c'est-à-dire à abandonner le langage enfantin que la famille tolère trop volontiers. Les petites filles surtout se servent souvent de certaines locutions abrégées, déformées, dans lesquelles les parents voient une expression de tendresse filiale; elles grasseyent, zézaient facilement. A l'école, il faut interdire le jargon enfantin et accoutumer les jeunes filles à un langage correct. La lecture à haute voix, si elle est bien conduite, leur apprendra à parler comme il faut, et l'on sait combien les femmes gagnent à bien parler et perdent à s'exprimer grossièrement ou incorrectement.

Il faut chercher à détruire les accents. L'accent n'est pas toujours désagréable, il a quelquefois du charme; mais, le plus souvent, il constitue un défaut, un ridicule. Je me rappelle toujours l'éclat de rire général que provoqua dans une classe de Paris, en ma présence, une jeune méridionale qui récitait à haute voix la fable *Le lièvre et la tortue*, lorsque, arrivée à ce passage : *les renvoie aux calendes et leur fait arpenter les landes*, elle prononça toutes les voyelles nasales à la manière du Midi.

En général, l'accent choque moins ou plaît mieux chez l'homme que chez la femme.

Les éditeurs d'ouvrages primaires classiques n'ont presque jamais à offrir, en ce qui concerne le même enseignement, deux éditions spéciales destinées l'une aux garçons, l'autre aux filles. Pourtant, les livres de lecture et de récitation commencent à se diviser ainsi en deux catégories... Il y a déjà longtemps que la maison Belin a fait paraître à l'usage des écoles de filles : *Premières Lectures de nos filles*, par Mme Hélène Monier; le *Monde des jeunes filles*, par Henrion; la *Bonne Petite Fille*, par Mlle Lilla Pichard; les trois cours primaires et le cours primaire supérieur et secondaire de *Pour nos filles*, par Ch. Lebaigue, dont le succès est bien mérité. Tous ces ouvrages, avec *Jeannette et Petite Jeanne*, le *Journal d'une écolière* (Necloux); l'*Enfance de Suzette* et *Suzette* (Robert Halt); les *Livres des petites filles* (Juranville), *la Fillette bien élevée* (Sagnier), etc., témoignent de la nécessité d'enseigner aux filles ce qui convient à leur sexe et à leur destination.

Nous sommes pleinement rassuré sur ce que les institutrices prescriront à l'école comme exercices de lecture ou de récitation; mais nous le sommes moins sur ce qu'elles feront lire ou laisseront lire en dehors de l'école.

Sans doute la bibliothèque scolaire est garnie de bons livres, d'excellents livres. Toutefois, il y en a qui conviennent mieux à telle élève qu'à telle autre; il y en a même qui, tout en étant bons d'une façon absolue, ne conviennent pas à certains enfants dont le tempérament, les habitudes d'esprit, voire les dispositions passagères, auraient à souffrir de leur lecture. Il faut à la maîtresse beaucoup de tact et de discernement pour diriger ses élèves dans le choix des livres de la bibliothèque.

Mais, en dehors de ces livres de la bibliothèque scolaire, quels sont ceux dont on peut conseiller la lecture aux jeunes filles?

Grave question.

Il faut tenir compte de l'âge et du degré d'instruction de la jeune fille. On peut, avec la fillette, user de persuasion et même d'autorité, mais, avec les grandes filles, il serait superflu de recommander uniquement les lectures instructives. Les adolescentes vivent dans une société pour laquelle et contre laquelle peut-être il y a lieu de les diriger, mais à laquelle on ne peut les soustraire. Le roman, l'irrésistible roman, qu'elles veulent dévorer, est là qui les guette : c'est lui, minotaure moderne, qui les dévorera. La maîtresse ne déconseillera donc pas d'une façon absolue les romans, parce qu'elle ne serait pas écoutée et qu'on lirait en cachette les premiers venus, les pires souvent. Il vaut mieux gagner la confiance de l'élève ou de l'ancienne élève et diriger très discrètement le choix des lectures.

D'abord, qu'est-ce qu'un bon livre? un mauvais livre? Les livres sont comme « les langues » d'Esope, la pire ou la meilleure des choses selon l'usage que l'on en fait. C'est le poison qui tue ou le baume qui guérit. Mais en réalité il n'y a pas de livres qui soient mauvais ou qui soient bons pour tout le monde. N'oublions pas qu'une Française peut légalement être épouse à seize ans et mère à dix-sept ans, c'est-à-dire qu'elle est, dans la pratique de la vie, en avance de six, huit, dix ans sur l'homme, et que ce serait une grande imprudence de la tenir à l'écart du milieu social dans lequel elle peut jouer de très bonne heure un rôle important. C'est la jeune fille qui doit être, plutôt que le jeune homme, armée pour la vie, et la lecture bien surveillée peut contribuer à ce résultat.

Les institutrices doivent faire appel aux mères dans cette circonstance, parce que les mères recueillent plus facilement les confidences de leurs enfants. La mère et l'institutrice, l'une par sa vigilance, l'autre par son expérience littéraire ou philosophique, peuvent guider utilement les lectures des jeunes filles.

Lorsqu'une jeune fille aura confié que telle page l'a troublée, inquiétée, que l'ensemble de l'ouvrage lui a laissé une impression de malaise (fièvre ou dépression), soyez certaine que le livre ne convient pas : c'est un genre à mettre de côté et à remplacer par quelque chose qui rassérène l'esprit et le cœur.

Il faut surtout se défier des romans modernes que les jeunes filles veulent connaître pour paraître au courant des productions littéraires actuelles. Ces romans, pour la plupart, ont une forme agréable; mais nous ne leur reconnaissons aucune des qualités nécessaires pour faire l'éducation des adolescentes.

Il n'est même pas utile de lire beaucoup à cet âge, où

l'avidité de connaître le fond empêche souvent de bien comprendre et saisir le texte et, par conséquent, les idées.

Toutes les jeunes filles n'ont pas besoin d'avoir, comme Mme Roland, épuisé à dix ans les armoires paternelles, d'avoir déjà lu, comme nous l'apprend M. Gréard, la *Bible*, le *Roman comique* de Scarron, les *Mémoires* de Pontis, un *traité de l'art héraldique*, les *Hommes illustres* de Plutarque, *Télémaque*, le *Manuel* de Saint-Augustin, les *Lettres* de Mme de Sévigné, la *Maison rustique*, etc., ni d'imiter George Sand qui lut toutes sortes de livres, sans aucun guide et sans aucune méthode.

Il n'est pas nécessaire non plus d'avoir un programme de lecture comme celui que Mme de Genlis avait établi dans ses *Lettres* sur l'éducation d'Adèle et de Théodore. Depuis six ans, époque où Adèle savait parfaitement lire, jusqu'à vingt-deux ans, Mme de Genlis lui avait tracé, année par année, un plan de lecture : à sept ans, *la Bible*, *les Conversations d'Emilie*, des *drames* et des *dialogues* pour les enfants ; à huit ans, *les Annales de la vertu*, *la Géographie comparée*, un *traité du blason ;* à dix ans, *les Éléments de la poésie française*, *Robinson Crusoë ;* à quatorze ans, *Instruction d'un père à ses enfants*, le *Théâtre de Marivaux*, quelques auteurs anglais ; à seize ans, *l'Énéide*, *les Géorgiques* (traduction de l'abbé Delille) ; à dix-huit ans, *le Théâtre de Molière*, *Télémaque*, etc., les *Œuvres de Locke*, de *Pope ;* à vingt ans, *Pascal*, *Montesquieu*, etc.

Néanmoins les institutrices feront preuve de sagesse en cherchant à former un catalogue dans lequel leurs élèves puiseront en toute sûreté. Nous savons que, dans certaines conférences pédagogiques cantonales, on a dressé ainsi des listes formées d'ouvrages lus et relus chacun par une institutrice et dont celle-ci se portait garante. C'est là un exemple à suivre.

Cette question du choix des lectures a donné lieu à un concours organisé en 1902 par le « Manuel général ». Les concurrents avaient à désigner les dix meilleurs livres à choisir pour les jeunes Françaises de quinze à dix-huit ans. Comme il fallait s'y attendre, les avis ont été très variés et les suffrages se sont dispersés sur un trop grand nombre d'ouvrages. Les dix ouvrages le plus souvent cités :

Lettres de Mme de Sévigné,
Sans famille, d'Hector Malot,
Paul et Virginie, de Bernardin de Saint-Pierre,
Lettres de mon moulin, d'Alphonse Daudet,
La Case de l'oncle Tom, de l'Américaine Mme Beecher-Stowe,
Jeanne d'Arc, de Michelet,
La Petite Fadette, de George Sand,
La Mare au diable, —
Savoir faire et savoir vivre, de Clarisse Juranville,
Les Fables de La Fontaine,

n'ont obtenu qu'un nombre de voix s'élevant à 82 pour le premier et à 41 pour le dixième.

Mentionnons, parmi les autres livres cités plusieurs fois : de George Sand, *François le Champi*, heureux sujet rustique, *Contes d'une grand'mère*, *Nanon*, cette charmante histoire intime de la France rurale au temps de la Révolution ; — d'Erckmann-Chatrian, *Madame Thérèse* ou *les Volontaires de 92* ; de Pierre Loti, *Pêcheur d'Islande* et *Mon frère Yves*, dont les douloureux et courageux personnages féminins peuvent intéresser toutes les femmes ; d'André Theuriet, le délicieux poète de la vie champêtre, pas toujours moraliste néanmoins, *le Secret de Gertrude*, *le Fils Maugars* ; de Bruno, *Francinet* ; d'Eugénie Guérin, *le Journal* ; de Victor Hugo, *les Enfants*, *l'Art d'être grand-père* ; de Molière, *les Femmes savantes* ; de Michelet, *la Femme* ; de Plutarque, *les Vies des hommes illustres* ; de Racine, *Andromaque*, *Esther*, *Athalie*, *Iphigénie* ; de

Renan, *Ma sœur Henriette;* de Jules Simon, *l'Ouvrière;* de la baronne Staffe, *Cuisine, Maîtresse de maison, Usages du monde;* de Zola, *le Rêve.*

La lecture à haute voix est tout un art; quand on y réussit c'est que, généralement, on comprend bien ce qu'on lit. Les règles pour bien lire à haute voix sont maintenant bien connues, grâce à des ouvrages spéciaux comme ceux de Legouvé, de Riquier, etc. La lecture à haute voix facilite la récitation, si utile pour meubler l'esprit, étendre le vocabulaire usuel et faciliter la rédaction. La lecture et la récitation constituent pour une jeune fille un véritable talent qui lui permet de faire partager aimablement aux personnes de sa famille et aux autres le plaisir qu'elle éprouve elle-même.

On recommandera donc aux écolières la netteté dans la prononciation, la simplicité et le naturel, le sentiment sans afféterie ni emphase, l'accent, et surtout les repos qui expriment l'observation intelligente de la ponctuation.

2. — L'écriture.

C'est particulièrement pour les filles que la tenue du corps pendant les exercices d'écriture doit être le plus correcte possible. En effet, les mauvaises postures, surtout la posture oblique, déforment souvent l'ossature des écolières et l'on sait que les déformations du bassin peuvent avoir de graves conséquences pour les femmes. On recommandera donc aux jeunes filles de se tenir droites devant la table de l'école comme devant la table de la salle à manger, c'est-à-dire en ne tournant et n'inclinant le buste ni à droite ni à gauche, et de pencher le cahier sur la gauche dans la direction de l'avant-bras droit.

Depuis quelque temps les experts en écritures ont perdu un peu de leur crédit ; mais la graphologie ne s'en tient pas moins toujours au rang d'une véritable science, car on a proposé au Congrès des œuvres féministes de 1900 de s'en servir dans l'éducation pour contribuer à l'étude du caractère des élèves — et il paraît même qu'il existe, depuis 1896, un ouvrage portant le titre de : « Graphologie pédagogique ».

Mais n'oublions pas que dans une classe bien dirigée, où la maîtresse a de la fermeté, toutes les petites filles du même âge ont à peu près la même écriture ; la discipline a un peu unifié les signes graphiques, sans pour cela unifier les caractères d'enfants. Nous n'osons guère affirmer, dans ces conditions, que la graphologie sera bien utile aux institutrices. Ce n'est que chez les adultes affranchies de la tutelle scolaire, que l'on peut constater certains rapports entre l'écriture et la personnalité morale.

Ce qui est incontestable, c'est que les femmes ont une écriture plus menue que celle des hommes, et que les femmes qui écrivent assez gros et assez ferme ont souvent de la virilité d'esprit.

Quel que soit le genre d'écriture adopté, les maîtresses exigeront des travaux exécutés avec le plus grand soin, car une écriture soignée est, dans le monde féminin plus que dans le monde masculin, l'indice d'une bonne éducation. Ainsi, par exemple, on sait qu' « écrire comme une *cuisinière* ou comme un *médecin*, c'est toujours mal écrire ; mais le sens péjoratif n'est pas le même dans les deux expressions.

Homme ou femme, chacun doit écrire nettement, lisiblement ; on écrit et on parle pour les autres. Il n'y a pas plus d'excuse à mal écrire qu'à bredouiller, car l'un et l'autre sont ridicules ou malséants.

Les modèles d'écriture contribueront, par leur choix, à

l'éducation particulière de l'élève. Ils renfermeront, par conséquent, des conseils moraux, des notions d'économie domestique et d'hygiène, etc.

Une excellente application de la leçon d'écriture pour les grandes élèves est la confection, en caractères variés, de tableaux, de menus, de comptes de commerce ou de ménage, de carnets d'achats et de dépenses, où la bonne disposition révélera du goût et donnera l'habitude de l'ordre et peut-être de l'économie.

On conseillera aussi aux jeunes filles d'écrire leurs lettres très convenablement et de ne pas attacher une idée de mérite à ce qu'on pense qu'elles ont pu les rédiger vite et sans peine.

3. — Langue française et littérature.

Quel que soit son enseignement, l'institutrice peut développer l'intelligence de son élève, lui suggérer des idées saines et agir efficacement sur l'ensemble de sa classe; mais il semble qu'aucun enseignement ne se prêtera plus que l'étude de la langue maternelle et la littérature nationale à cette culture de l'intelligence et du sentiment si nécessaire à la femme dans toutes les conditions où elle se trouve placée et qui a une si grande influence sur sa moralité et son bonheur.

Apprendre sa langue, c'est se préparer à hériter d'un patrimoine d'idées, résultat d'observations et de travaux séculaires. A ceux qui ne voient pas de quelle utilité cette initiation sera aux jeunes filles des classes laborieuses, à ceux qui craignent que cette culture ne les détourne des travaux du ménage ou des travaux plus rudes auxquels elles ont parfois à se livrer, on peut répondre qu'elles ont besoin de s'arracher, par moments, à une vie de labeur matériel et de se distraire, et elles le feront plus aisément et plus innocemment si elles se sentent attirées vers les distractions élevées de la littérature, vers le domaine de la pensée. D'ailleurs, n'oublions pas que dans l'éducation des jeunes filles on doit viser l'éducation de la mère, première institutrice de ses enfants.

L'institutrice donnera donc à l'enseignement de la langue toute l'importance qu'il mérite. S'il est vrai que la grammaire est l'art de parler et d'écrire correctement, on apprendra sérieusement la grammaire aux jeunes filles, car, dit M. Pécaut, « les femmes françaises considèrent que c'est le bien parler et le bien écrire qui sont les deux signes principaux de la bonne éducation ».

M. Marion dit que la femme qui ponctue est « l'oiseau rare », et que la ponctuation est un signe de la bonne culture grammaticale. On veillera donc sur la ponctuation.

D'ailleurs, les jeunes filles, les femmes ont besoin d'être assujetties à l'examen approfondi des règles, excellente discipline intellectuelle. Ce qui leur manque ce n'est pas l'imagination, ni le style, c'est l'ordre, base de la composition.

Elles avouent souvent que, pour traiter un sujet, elles ne savent par où commencer. Nous ne parlons pas ici des sujets où la mémoire joue le plus grand rôle, et où les garçons ne peuvent soutenir contre elles une comparaison avantageuse; car elles y sont intarissables, quand elles n'ont qu'à se rappeler la suite des faits ou des idées.

Mais c'est surtout dans la forme épistolaire qu'elles ont la plus grande facilité. Il est vrai que le genre épistolaire peut renfermer la plupart des autres genres. En effet, une lettre peut être une supplique ressemblant à un plaidoyer, ou une exhortation rappelant la harangue, ou un sujet de morale, rappelant le sermon. Elle peut être idyllique, élégiaque, épique et même burlesque suivant qu'elle a à exprimer la tendresse, la douleur, le dévouement ou la gaieté.

Le style épistolaire n'implique pas la liberté d'écrire ce que l'on veut, et comme l'on veut, bien qu'il doive être simple et naturel. Ne souffrez pas, bien entendu, que les jeunes filles emploient dans leurs lettres des expressions recherchées, des tournures prétentieuses, des grands mots sonores; mais ne laissez pas croire qu'il faille suivre aveuglément les impressions et que, pour bien écrire, il suffise, au risque d'être incorrect, de jeter ses idées sur le papier, sans ordre ni discernement. Ne dites pas aux jeunes filles qu'on écrit comme l'on parle et que, pour écrire une lettre, on n'a qu'à se mettre en présence de son interlocuteur et à écrire tout ce qu'on lui dirait de vive voix. C'est grâce à ce préjugé que l'on débite dans ses lettres des choses insignifiantes, qu'on y emploie des locutions triviales, qu'on y laisse des fautes grossières de forme, que la rédaction dégénère en un verbiage insipide et que l'on se fait une âme banale. Les lettres d'amitié, de politesse ou d'affaires doivent toujours être rédigées avec prudence, méthode et soin. Prémunissons donc nos écolières contre l'abus des amabilités postales.

Dans l'étude de la littérature, ou simplement dans les morceaux littéraires qu'on aura à expliquer et à faire apprendre, ou plus simplement encore dans les textes servant d'exercices de français, on s'attachera aux choses et aux personnes du monde féminin. Il est évident qu'il faut détacher des études littéraires les types réels ou idéaux de femmes qui servent d'exemples à imiter ou à rejeter et qu'il vaut mieux, par exemple, proposer aux filles, comme exercice de mémoire ou d'orthographe, le portrait d'*Antiope*, par Fénelon, que celui de *Cromwell*, par Bossuet.

Ajoutons que les études littéraires, mal dirigées, peuvent avoir pour conséquence d'inspirer un goût excessif de la lecture. C'est pourquoi nous avons déjà conseillé de guider les jeunes filles dans le choix des livres qu'elles se proposent de lire.

4. — Mathématiques.

L'intelligence féminine n'est pas réfractaire aux sciences exactes et, s'il y a eu des femmes mathématiciennes, comme *Hypatie*, qui enseignait à Alexandrie les mathématiques en même temps que la philosophie ; comme la marquise *du Châtelet*, que Voltaire appelait la *docte Uranie;* comme *Sophie Germain*, comme *Clémence Royer*, reconnaissons que les mathématiques ne font point battre violemment le cœur des étudiantes, n'échauffent pas leur imagination et ne surexcitent pas leur sensibilité.

On a essayé à l'Observatoire de Paris, sous l'inspiration des frères Henry, et la direction de la doctoresse Mlle Klumpke, d'employer des femmes comme calculatrices, pour déterminer, dans la carte du ciel, les longitudes et les latitudes des étoiles. Ces déterminations nécessitent, paraît-il, des mesures fort minutieuses et des calculs d'une précision extrême. Or, il nous avait semblé que le service féminin y avait réussi ; mais, à la mort de l'aîné des frères Henry, il a été décidé que ce service disparaîtrait.

En réalité, les femmes peuvent faire de bonnes comptables ; mais les mathématiques pures ne sont pas leur fait ; elles ont plus de goût pour les mathématiques appliquées. En général, les programmes de mathématiques, dans tous les établissements similaires, sont bien moins développés pour les filles que pour les garçons, et il est bon qu'il en soit ainsi; mais n'oublions pas que les sciences abstraites forcent l'esprit à ne pas se payer de mots et l'habituent à vouloir la clarté, la précision et la suite des idées, et à ne se rendre qu'à l'évidence.

Rappelons-nous encore que, au point de vue pratique, les femmes doivent, plus que les hommes, savoir mesurer, peser, compter, etc., et qu'au point de vue philosophique elles ne doivent pas se croire exclues d'une sorte d'orthodoxie masculine ou s'interdire d'une façon absolue les investigations scientifiques.

5. — Sciences physiques et naturelles.

Les femmes peuvent avoir l'esprit scientifique sans savoir toutes les formules chimiques ou les finesses de l'optique, et dans nos temps modernes, où la science envahit tout, il est bon qu'elles possèdent cet esprit pour devenir exigeantes en fait de preuves, scrupuleuses en fait de démonstrations et s'habituer à soumettre leur imagination à la raison; il est utile qu'elles se l'approprient pour bien remplir leur rôle de gardiennes du foyer, pour veiller aux besoins et aux intérêts de la maison.

L'écueil serait, dans les classes supérieures, de pousser trop loin les études scientifiques qui nous feraient des pédantes scientifiques, plus déplaisantes que les pédantes littéraires.

On a dit qu' « enseigner, c'est choisir ». Cela est vrai surtout de l'enseignement féminin, où il faut tenir compte de la nature et de la destinée de la femme et par conséquent choisir dans les programmes ce qui lui convient mieux.

A l'école primaire élémentaire, point de leçons prétentieuses. La meilleure sera la vraie leçon de choses faite avec les choses mêmes ou leur représentation. Ce qu'il faut donner, ce sont les connaissances scientifiques, plus pratiques que techniques, nécessaires à celle qui tient le ménage, fait la cuisine, élève les enfants, soigne les malades.

En PHYSIQUE, on n'oubliera pas d'expliquer, de faire connaître les *phénomènes atmosphériques*, le *baromètre*, les *puits*, les *pompes*, les *leviers;* la *chaleur*, sa conservation, les *vêtements*, les causes du refroidissement; la *lumière*, quelques illusions d'*optique;* l'*électricité*, le *télégraphe*, le *téléphone*, les *lampes*.

En CHIMIE, les effets des acides, des teintures, des pommades; l'*emploi du gaz*, le *charbon* et ses composés; les *oxydes*, les *allumettes*, le *sel* et les *sels*, les *essences*, la *potasse*, tout cela sans nomenclature chimique savante et sans expériences compliquées.

En HISTOIRE NATURELLE, le *corps humain*, sa composition, ses organes et leurs fonctions en vue de l'éducation, de l'hygiène et de la médecine usuelle; les *animaux*, les *végétaux* utiles, les principaux *minéraux*, l'*alimentation*.

Les principales applications viseront l'économie domestique (1), l'hygiène et l'alcoolisme.

6. — Hygiène.

Plus de 20000 Français, affirmait, il y a quelques années, l'Académie de médecine, meurent annuellement de maladies « évitables ». On pourrait remédier à cela par un enseignement très sérieux de l'hygiène, car, lorsqu'il s'agit de la santé, les moyens préventifs sont plus sûrs que les

1. Voyez les chapitres *Economie domestique* et *Ecoles ménagères*.

moyens curatifs, et il vaut mieux en cela « avoir affaire » à la déesse Hygie qu'au dieu Esculape, son père.

Mais, à notre avis, pour les raisons indiquées plus haut, l'enseignement de l'hygiène doit s'adresser plus spécialement à la femme, qui peut plus aisément que l'homme nous préserver des maladies évitables.

D'ailleurs, sur bien des points du territoire, on est entré résolument dans cette voie. Il y a de nombreux petits manuels d'hygiène et d'économie domestique qui servent de livre de lecture aux fillettes des écoles primaires. Des cours réguliers sont faits dans les écoles supérieures, les écoles normales et aux cours d'adultes. On peut citer celui fait à l'école de filles de la rue Nuyens, à Bordeaux, par *Mme Valongon*, qui en a exposé elle-même le développement au Congrès de 1900, et dont voici le programme résumé :

Les premières causeries ont été consacrées à faire connaître sommairement la structure du corps humain, ses principaux organes et leurs fonctions, pour préparer les auditrices aux leçons d'hygiène et les rendre plus aptes à donner des soins intelligents dans certains accidents tels que les syncopes, asphyxies, hémorragies, etc.

Les leçons suivantes ont eu pour objet les découvertes de Pasteur et la méthode antiseptique; les moyens pratiques de désinfecter les objets qui ont été en contact avec des malades atteints de maladies contagieuses, des locaux contaminés, etc.; la nomenclature des principales maladies contagieuses avec leurs symptômes caractéristiques les plus apparents et la période où la contamination est le plus à craindre; les précautions à prendre dans ces cas.

Les dernières causeries ont été remplies par l'hygiène du corps, du vêtement, de l'habitation, etc., et le cours s'est terminé par l'explication des soins que toute femme peut être appelée à donner en cas de syncope, d'asphyxie, d'empoisonnement, etc., en attendant l'arrivée d'un médecin, et par la manière de panser une plaie, une contusion, etc., avec la démonstration de quelques bandages usuels destinés à maintenir un pansement sur les diverses parties du corps.

7. — Alcoolisme.

On s'est longtemps demandé s'il y avait chez nous des alcooliques et des ivrognes. En Angleterre, à Londres notamment, c'est un spectacle écœurant, à certains jours, à certaines heures, quand on traverse certains quartiers, de voir rouler dans le ruisseau de malheureux êtres et cela sans distinction de sexe. On sait aussi que « boire comme un Suisse », être « gris comme un Polonais » sont des expressions courantes. Mais en France? Eh bien, en France, il y a aussi le danger alcoolique: mais ce ne sont pas les vins français qui en sont la cause. La période dévastatrice du phylloxera, qui a obligé les marchands à vendre des vins fabriqués, et la propagation d'alcools industriels ont créé, dans notre beau pays de France, la plaie épouvantable de l'alcoolisme.

Nous savons maintenant que les ouvriers disputent l'alcool à leurs lampes, réservoirs, foyers, etc., pour le verser dans leur estomac; nous savons que dans quelques provinces, les mères ignorantes nourrissent leurs petits avec le pain trempé dans l'eau-de-vie, et quelle eau-de-vie! Nous voyons aussi à la ville les femmes entrer avec les hommes dans les bars, s'asseoir avec eux dans les estaminets et y consommer la « verte » meurtrière.

A l'étranger, et surtout dans les pays du Nord, qui ne produisent pas de vin et où le mal a sévi avant de nous atteindre, des ligues se sont formées qui ont obtenu de très beaux résultats. En France, nous avons commencé contre l'alcool une campagne qui, nous l'espérons, réussira également, à condition, comme le disait M. Casimir-Périer en présidant la séance d'ouverture du Congrès de 1903, « de ne pas méconnaître que le vin est une richesse nationale, de ne pas le dénoncer comme un poison, de demander que celui qui le produit ou le vend ne le frelate pas et que celui qui le consomme en use avec modération. »

En ce qui concerne le rôle des femmes dans la lutte contre l'alcoolisme, la motion suivante, votée dans ce même Congrès de 1903, l'a parfaitement défini.

A) .....Attendu que partout où l'alcool règne en maître, tout sentiment de famille est détruit, il est désirable que toutes les femmes s'unissent pour aider à la reconstitution des foyers, à quelque condition qu'elles appartiennent.

Afin d'éviter les rechutes continuelles des victimes de la boisson, le Congrès demande : qu'il soit créé des établissements spéciaux permettant de mettre les buveurs à l'abri de nouvelles tentations jusqu'à l'affermissement de leur volonté.

Que tous les restaurants institués par le Foyer de l'Ouvrière, les universités populaires ou toute autre société tendant à une fin utile aient pour base le principe de la tempérance. C'est là un complément indispensable à toute œuvre sociale.

B) Que la loi française intervienne pour réglementer la vente de l'alcool.

C) Le Congrès émet le vœu que les affiches et les tableaux antialcooliques soient apposés dans les salles d'attente des bureaux de bienfaisance et que les visiteurs et visiteuses de l'Assistance publique soient invités à distribuer des brochures contre l'abus de l'alcool.

Maintenant qu'elles connaissent le fléau qu'est l'alcoolisme et les ravages qu'il occasionne, les femmes françaises, bourgeoises ou ouvrières, agiront, et elles agiront d'autant mieux que les institutrices auront préparé leurs élèves à redouter et à combattre la plaie sociale qui désorganise la famille par la déchéance physique et morale de l'individu.

8. — Agriculture et horticulture.

On gémit sur la désertion des campagnes et l'encombrement des villes. Chaque recensement quinquennal nous démontre que l'exode du paysan vers les grandes cités dépeuple avec régularité les villages, les hameaux, les fermes, et on sait ce qui en résulte. L'agriculture, source principale de notre richesse nationale, manque de bras, pendant que le commerce et l'industrie des villes laissent de nombreux travailleurs dans le chômage, par conséquent dans la misère.

C'est donc un devoir impérieux de maintenir à la vie rurale ceux qui y sont maintenant attachés et de donner aux citadins le goût d'y participer temporairement ou de la reprendre définitivement.

Les écoles de filles peuvent faire beaucoup dans ce but.

A la ville, il faut donner aux femmes le goût de la terre et de ses productions naturelles. Les citadines aiment les fleurs ; mais elles ne savent guère comment celles-ci poussent ; elles les soignent dans des pots à leur fenêtre, à leur balcon, dans leur salon : c'est déjà quelque chose, mais bien peu de chose. Il ne suffit pas que les fleurs viennent à elles ; il faut qu'elles aillent aux fleurs, qu'elles aillent à la campagne, qu'elles aillent même à la ferme, où leur mère peut-être, leur aïeule sûrement, est née et a vécu.

Ne parlons pas aux jeunes filles urbaines des petites villes, des sous-préfectures de province, où l'on s'ennuie à vouloir copier la grande ville : mettons-les, pendant les vacances, en pleine nature champêtre. Promenons-les le jeudi et le dimanche dans la vraie campagne. Les citadins ont la chasse, la promenade à bicyclette, qui les rapprochent des paysans. Les femmes n'ont rien de tout cela. Elles restent claquemurées.

Il ne s'agit pas de donner aux jeunes filles de la ville des goûts purement idylliques, ni de les faire jouer aux princesses du petit Trianon.

Il s'agit, plus sérieusement, de leur donner des leçons de botanique; de leur faire faire des promenades scolaires champêtres au cours desquelles on prend contact avec les gens de la terre, on herborise, on cueille des fleurs et récolte des plantes médicinales, en même temps qu'on fait une provision de santé et de bonne humeur. Pour les jeunes filles des amicales, ces promenades, avec le traditionnel déjeuner ou goûter sur l'herbe, ne sauraient être trop encouragées.

Un moyen pratique de s'attacher au sol et à ses productions, c'est d'avoir un petit jardin, soit près de la maison, soit au dehors de la ville; malheureusement, le moyen n'est pas à la portée de chacun. D'ailleurs, maintenant, les architectes des villes, ou plutôt les propriétaires des terrains urbains, utilisent presque toujours pour les constructions toute la surface dont ils disposent moins la partie réservée aux cours et courettes réglementaires. Il faut plutôt compter sur les jardins hors de la ville.

Dans beaucoup de localités, la municipalité, le bureau de bienfaisance, des patrons philanthropes se sont employés à fournir des jardins aux familles ouvrières. En 1889, fut ainsi fondée l'œuvre des « Jardins ouvriers de Sedan », sous le nom caractéristique de « Reconstitution de la famille ». Des parts de 200 à 300 mètres, suivant le nombre de personnes composant la famille, augmentées de 80 mètres pour chaque nouvel enfant, furent distribuées à 22 familles nécessiteuses comprenant 145 membres, qui reçurent en outre des engrais, des semences et des outils.

La plupart des personnes adultes prirent dès lors l'habitude d'un travail hygiénique ; les hommes n'allèrent plus au cabaret et toute la famille eut la facilité de vivre à certaines heures dans un milieu tout à fait hygiénique.

Des essais du même genre ont été faits à Saint-Etienne, à Besançon, à Beauvais. Dans quelques localités, on n'accorde de concessions qu'aux familles qui ont trois ou quatre enfants.

Déjà certaines compagnies industrielles ont mis à la disposition des employés et ouvriers les terrains libres qu'elles possèdent : c'est à la fois de l'habileté et de l'humanité.

Tout cela, répétons-nous, est à encourager, et les institutrices des villes auront fait une œuvre d'hygiène physique et morale, si, par leur enseignement et leur propagande, elles ont contribué à l'établissement des jardins ouvriers.

Mais ce qui est plus important encore, c'est que les institutrices rurales retiennent à leur sol natal les jeunes filles de la campagne.

La désertion de ces campagnes, que tout le monde déplore, est due aussi bien à la femme qu'à l'homme. On a prétendu que la fréquentation scolaire, obligatoire de six à treize ans, faisait perdre aux filles le goût des travaux champêtres. Cela n'est pas prouvé. En tout cas, il est possible d'organiser, avec l'autorisation du Conseil départemental, des classes de demi-temps pendant la période des travaux agricoles, période où les jeunes filles peuvent rendre des services à leurs parents. L'école du village doit répondre aux exigences de la vie rurale. Maintenant qu'on est sûr d'avoir à l'école les enfants pendant six ou sept ans, il n'est pas nécessaire de les y garder toute la journée : deux ou trois heures de classe bien employées chaque jour peuvent suffire, pendant un lustre, pour donner l'instruction qui correspond au certificat d'études. On le constate par l'exemple des élèves qui, dans certaines écoles privées, ne suivent que de simples cours.

Les jeunes paysannes, cela ne fait pas de doute, dédaignent le travail des champs et courent à l'atelier ou cherchent à se placer comme servantes dans les grandes villes. C'est d'ailleurs ce que constatait Mathieu de Dombasle, bien avant la loi sur l'obligation scolaire.

Si ces paysannes comprenaient combien est saine et attachante la profession de cultivateur ; si elles savaient se créer des intérieurs propres et confortables ; si elles pouvaient tenir, dans de bonnes conditions, le poulailler, l'étable, la laiterie, le jardin ; si elles connaissaient bien la comptabilité agricole ; si elles avaient quelques connaissances scientifiques et agronomiques, il est fort probable que les hommes, sûrs d'avoir en elles des auxiliaires agréables et utiles, ne se déracineraient pas si facilement.

L'institutrice rurale donnera donc un enseignement agricole très régulier, d'après un programme conforme aux besoins de la région. Elle enseignera notamment :

L'*hygiène des personnes* (propreté, vêtements, alimentation, habitudes, chaussures d'intérieur et chaussures d'extérieur, etc.) ;
L'*hygiène de l'habitation* (blanchiment à la chaux, lavage des parquets et des carrelages, peinture des portes et fenêtres, aération, nettoyage des meubles, literie) ;
L'*hygiène du bétail* (propreté, nourriture, écoulement du purin, élevage des poules et des lapins, maladies) ;
Les *principales cultures*, surtout la *culture maraîchère* avec travaux pratiques dans le jardin de l'école ; — l'*arboriculture*, la *culture des fleurs*.

Jusqu'ici on n'a pas assez appelé l'attention des femmes sur cette question agricole, si importante et si grave. La femme du cultivateur, si elle est intelligente, peut, non seulement créer un foyer sain qu'elle rendra agréable aux siens, mais encore contribuer directement aux ressources du ménage. C'est elle qui, par son ordre, son goût, sa sagesse, hâtera le moment où la ville cessera d'être un mirage irrésistible et la plus funeste des duperies.

Enfin, sans faire appel à l'autorité des auteurs bucoliques, il est avéré que la campagne, pour toutes sortes de raisons, est une grande maîtresse d'altruisme, de fraternité sociale, de simple et bonne solidarité, et qu'à ce titre, une institutrice qui en fera goûter le charme à ses élèves aura fait beaucoup pour la moralité publique.

Au ministère de l'agriculture, on nous signale plusieurs institutrices rurales, entre autres celle de Kerliver (Finistère), qui ont réussi, par une propagande intelligente et un grand dévouement, à retenir au pays natal leurs élèves et leurs familles.

9. — Histoire.

C'est Duruy qui, en 1867, a fait entrer l'histoire à l'école primaire comme matière obligatoire. Lorsqu'on apprend l'histoire de France aux petits Français, on se propose de développer en eux l'amour de la patrie et les vertus civiques; lorsqu'on apprend l'histoire en général, on forme le jugement par l'étude des hommes et des faits; mais l'histoire est surtout une école morale.

Or, les petites et les grandes Françaises ont le droit et le devoir de participer à une étude qui donne le culte de la patrie, qui apprend à juger et qui moralise.

On ne peut pas enseigner une histoire aux garçons et une autre histoire aux filles. Les faits essentiels doivent figurer dans n'importe quels programmes; mais, pour les jeunes filles, c'est le cas de demander qu'on leur fasse grâce des récits de guerre, de batailles, de scènes de carnage et qu'on les entretienne plutôt des mœurs, des arts, de l'industrie, en un mot, de la civilisation des peuples; des belles actions, des principaux personnages historiques et des œuvres des administrateurs, des savants, des écrivains.

Nous ne sommes pas de ceux qui regrettent la disparition de l'histoire sainte, qui avait une trop grande place à l'école; mais on a eu tort de la supprimer totalement. Les légendes et certains personnages de la Bible ont trop influé sur nos idées et nos sentiments et tiennent trop de place dans la littérature et dans les arts, pour qu'il soit permis, même aux filles du peuple, de les ignorer.

Mythes ou réalités, les faits bibliques ont un parfum de poésie et d'antiquité dont il ne faut pas priver entièrement les enfants, auxquels ils font en outre connaître que l'histoire ne commence pas avec les Gaulois...

On doit également apprendre un peu de mythologie, toujours au double point de vue de la littérature et de l'art, surtout lorsqu'on n'a pas eu l'occasion d'exposer, à propos d'histoire ancienne, les mythes religieux des premiers peuples.

Mais s'il y a une matière où l'on doive appliquer le vieil adage du « respect de l'enfance » à l'égard des jeunes filles, c'est bien lorsqu'il s'agit de récits bibliques ou mythologiques. Ces récits doivent être choisis avec prudence et développés de telle façon qu'ils n'évoquent que des sentiments doux et généreux et n'exaltent pas l'imagination.

Dans les programmes d'histoire générale ou d'histoire nationale, on fera une large part aux personnages féminins et aux conditions de la femme dans les différentes époques étudiées (habitation, costume, occupations, mœurs, etc.).

On ne peut guère, par exemple, passer sous silence, *Ruth*, *Esther*, *Véturie*, *Cornélie* et la *mère du Christ*. On donnera des développements différents, d'après le plus ou moins d'importance des personnages à étudier, comme : *Jeanne d'Arc*, la bonne *reine Claude*, *Marie Stuart*, *Mme de Rambouillet*, *Mme de Maintenon*, *Mme Roland*, etc. Il est évident qu'il faudra apporter la plus grande réserve si l'on est dans l'obligation de parler des *Aspasie*, des *Messaline*, des *Gabrielle d'Estrées*, etc. ; en un mot, on n'insistera pas sur les mœurs privées de certaines femmes qui ont eu à jouer un rôle public.

En résumé, s'il ne peut pas y avoir rigoureusement un programme d'histoire spécial aux jeunes filles, l'enseignement différera néanmoins de celui des garçons par les exemples et par les nuances.

10. — Instruction civique.

Les femmes n'ont pas à se préparer à devenir des citoyennes au sens politique de ce mot ; mais ce qu'on peut enseigner à l'école primaire sous la rubrique d'*instruction civique*, c'est-à-dire les éléments du *droit public*, l'organisation des *pouvoirs de l'Etat*, les *grandes administrations* du pays, les éléments du *droit usuel* et de l'*économie politique*, peut leur être utile autant qu'aux garçons. Elles auront à vivre au milieu de toutes les institutions sociales et économiques de leur pays, et il leur faudra bien les connaître. Présentement, les femmes n'ont pas à voter, mais il est désirable qu'elles soient les modestes Egéries de ceux qui votent et qu'elles participent de la sorte, indirectement, aux affaires publiques. Moins mêlées que les hommes aux agitations de la vie extérieure, elles voient plus clairement les choses et peuvent conseiller utilement. D'ailleurs ce sont généralement les femmes qui font les démarches à la mairie, qui vont payer les contributions; elles ont même plus intérêt que les hommes à s'occuper de l'administration municipale, et il y en a encore qui, personnellement, exercent un commerce ou une industrie.

A l'école de filles, on ne négligera donc pas cet enseignement qui peut avoir, pour certaines, une utilité immédiate, et pour toutes, l'avantage de les familiariser avec des idées et des faits qu'elles ont le droit et le devoir de connaître.

11. — Géographie.

Il semblerait que M. Buisson, en écrivant les lignes suivantes, pensait à l'enseignement géographique qui convient aux jeunes filles :

> La géographie n'est plus, ne peut plus être une science isolée et restreinte; elle ne décrit pas seulement, elle explique. La vue des phénomènes actuels suggère, soit pour le passé, soit pour l'avenir, les plus fécondes inductions; les accidents du sol, qu'on se bornait autrefois à enregistrer comme autant de bizarreries de la nature, ont trouvé eux-mêmes leurs lois, leurs raisons d'être, leur place dans une harmonie universelle. Toute cette surface terrestre devient un monde vivant et mouvant. Ce ne sont plus des noms à retenir, ce sont de grandioses phénomènes qu'il s'agit de saisir dans leur ensemble et dans leur détail.

Présentée ainsi aux jeunes filles, la géographie peut s'adresser à leur sensibilité, développer en elles un peu de poésie, leur faire aimer la nature, les attacher à leur sol natal et peut-être donner à quelques-unes le goût des voyages et de la colonisation.

La méthode qui consiste à parler de la classe, de l'école, de la localité, pour continuer par le canton, l'arrondissement et aboutir au monde entier, leur convient plus particulièrement, parce qu'on s'appuie, à l'origine, sur des choses vues et que l'on usera nécessairement de descriptions.

Les notions techniques, les nomenclatures, forcément arides, seront réduites au minimum. On leur substituera l'étude de la *région*, celle de la *France*, de sa beauté, de ses productions, de ses ressources, de sa richesse, des curiosités de chaque province, de nos mœurs et coutumes; les *grands spectacles* de la nature; les *conditions sociales* sous les différentes latitudes; les *grandes divisions du globe*, les océans et leurs tempêtes, les déserts, les forêts vierges, les pampas; l'*aspect des grandes villes*, la raison de leur situation; les *grands travaux* exécutés par le génie de l'homme, etc.

12. — Cosmographie, astronomie.

Parmi les gracieuses fictions des anciens, celle par laquelle ils faisaient présider la muse *Uranie* à la science astronomique, n'est pas la moins caractéristique ni la moins aimable. Ils la représentaient avec une robe d'azur et une couronne d'étoiles. Certains peuples adoraient une Vénus-Uranie, comme la Vénus idéale, symbole de la chasteté. Nous avons dit ailleurs[1] combien était poignante pour l'esprit, si l'on veut, mais sereine aussi pour l'âme, la contemplation du ciel étoilé, qui dégage l'homme du milieu terrestre où il ne vit que matériellement et l'élève à la grande conception de l'univers et de l'infini. Sans doute je ne propose pas, comme on me l'a reproché malicieusement, de faire découvrir Dieu au bout d'un télescope; mais il est bien évident que les observations astronomiques élargissent, grandissent, épurent la pensée et la conduisent à la recherche d'un idéal nécessaire à l'être humain.

1. Voy. *Ecoles urbaines*, page 252.

Et combien cet idéal est plus nécessaire aux jeunes filles, aux femmes, dont nous connaissons l'état psychologique particulier, surtout à l'époque où elles voient disparaître graduellement autour d'elles les croyances religieuses qui, depuis des siècles, procuraient ou remplaçaient cet idéal!

Les éléments de la cosmographie et de l'astronomie peuvent donc être enseignés dans les écoles de filles. Il ne s'agit pas d'ailleurs de faire quelque chose de bien nouveau. Toutes les mères, depuis longtemps, ont montré à leurs enfants à tourner leurs regards vers le soleil, vers la lune, vers les étoiles. Nous sommes sûrs que, dans l'enfance des peuples, la femme saluait à son lever l'astre du jour, le suivait dans sa course, l'interrogeait maintes et maintes fois pour régler sur lui le travail du foyer; comme les paysannes de notre temps, elle savait quel était son point de culmination, qui marque le milieu de la journée; elle le suivait dans sa marche descendante, et au moment où, radieux encore, il allait disparaître au-dessous de l'horizon, elle le saluait, confiante dans son retour du lendemain.

On sait en outre que les femmes de plusieurs astronomes célèbres ont été de véritables collaboratrices scientifiques de leurs maris et que, depuis la noble Hypatie jusqu'à Clémence Royer, beaucoup de femmes s'adonnèrent à ce qu'on appelle avec raison, « la plus majestueuse des sciences » et prouvèrent ainsi que la fameuse question du concile de Trente (la femme a-t-elle une âme?) était une question oiseuse. Les femmes sont admises maintenant dans la plupart des observatoires français ou étrangers; en Amérique, elles en dirigent quelques-uns.

Mais, à l'école, il ne s'agit pas de former de ces savantes qui collaborent ainsi avec les hommes à la recherche de la vérité; il s'agit plus simplement d'observations et d'explications qui fassent comprendre la mécanique céleste et goûter l'esthétique de la voûte azurée, donnant ainsi une idée de ces grandes lois cosmiques auxquelles on peut rattacher, pour la mieux fixer, la grande loi morale.

13. — Chant, musique.

Les jeunes filles ont toutes plus ou moins de voix et l'on peut dire que, comparativement aux jeunes garçons ou aux hommes, il en est peu qui en soient dépourvues ou qui l'aient fausse.

Les jeunes filles aiment la musique. Sans avoir besoin de se rappeler que la muse Euterpe présidait à la musique, que c'est la sœur de Moïse qui fit entendre le premier chant d'allégresse lors du passage de la mer Rouge, que la fille de Jephté alla au-devant de son père vainqueur, accompagnée d'un chœur de jeunes filles, il suffit maintenant de considérer les jeunes filles du peuple. Il faut les entendre, dans les ateliers où cela est permis, répéter à qui mieux mieux l'air connu, la romance en vogue; il faut les voir, celles qu'on appelle les « midinettes », ouvrières ou employées, courir à midi, par bandes rieuses, aux chanteurs des rues, suivre la mélodie en sourdine, puis retirer du réticule le gros sou avec lequel elles achèteront « la chanson du jour » (paroles et musique), mais qui manquera tout à l'heure, peut-être, pour une partie du repas; avec cela, néanmoins, on pourra veiller plus agréablement les jours de presse et on se distraira le dimanche en famille. « Mimi Pinson » vivra éternellement.

De même que l'on a cherché, dans un but de bien-être matériel et moral, à procurer aux midinettes des repas à bon marché dans des locaux réservés à elles seules, de même des artistes ont essayé de créer à Paris des sortes de « conservatoires d'ouvrières » où les jeunes filles viennent apprendre à chanter, à chanter des chansons morales — et à danser, à danser avec grâce, ou mieux à se tenir élégamment et avec convenance. On ne veut en faire ni des chanteuses, ni des danseuses ; on veut, plus sagement, les exercer à l'harmonie de la voix et du geste. Nous avons été appelé, à cause de nos fonctions mêmes, à suivre cet essai dans l'une des sections ouvertes à Paris et nous pensons que, surtout si l'on reste simple, on rendra ainsi de grands services aux jeunes filles des classes laborieuses que dénaturent les couplets ineptes du café-concert.

Le chant est utile aux jeunes filles parce qu'il développe les poumons et combat ainsi les mauvais effets de l'attitude courbée que leur imposent la plupart des travaux féminins, et encore parce qu'il assouplit et adoucit la voix, lui fait perdre l'habitude des sons criards, développe le goût naturel du rythme et de la mesure en même temps que le sentiment de l'ordre et du beau. Il ajoute donc à la grâce et au charme de la femme, tout en lui procurant une source de plaisirs innocents et peu coûteux.

Le chant est plus facile à enseigner dans les écoles de filles que dans les écoles de garçons, parce que la voix des élèves y est plus agréable, qu'elle ne « mue pas » et que la maîtresse se sert de sa propre voix comme modèle, tandis que l'instituteur est obligé de chanter une octave plus bas.

Les leçons ne paraissent pas devoir être données aux filles d'une manière spéciale ; mais c'est dans le choix des morceaux que se fera sentir la différence. D'une façon générale, au lieu d'apprendre aux jeunes filles des marches militaires, des chœurs bruyants, il vaut mieux leur apprendre des airs simples, avec paroles bien choisies, dont elles se souviendront plus tard et qu'elles fredonneront en tirant l'aiguille.

Nous ne sommes pas l'ennemi des chœurs bien exécutés; mais il faut bien avouer que les élèves qui, dans ceux à trois voix, font les deuxième et troisième parties, ne gagnent pas grand'chose en dehors de l'esprit de solidarité. A l'école primaire élémentaire, il vaut mieux faire chanter les petites filles à l'unisson et seules assez souvent. Plus tard, dans les cours supérieurs, dans les amicales, ce serait presque le contraire qu'il faudrait recommander, pour propager précisément cet esprit d'effacement qui est le gage de la prospérité des associations et éviter que les jeunes filles s'essayent au cabotinage en voulant briller devant leurs compagnes.

14. — Langues vivantes.

Nous n'avons rien à retrancher à ce que nous avons écrit en 1900 dans nos *Ecoles urbaines* (p. 405). Nous pensons toujours qu'à l'école primaire, la langue étrangère ne peut être qu'un moyen de fixer les principes de la langue française par la grammaire et le vocabulaire comparés.

Qu'il plaise aux familles fortunées de donner à leurs petites filles des bonnes anglaises ou allemandes, c'est leur affaire et, croyons-nous, une mauvaise affaire. Car enfin la langue est la représentation des idées, et c'est par elle qu'on éveille et fixe les idées des jeunes enfants. Or n'est-ce pas jeter la confusion dans les jeunes esprits que de leur présenter la même idée sous des formes verbales différentes?

Nous ne sommes donc pas de l'avis de Mme de Genlis, qui veut qu'à Saint-Leu, nous dit M. Gréard, ses élèves « jardinent en allemand, dînent en anglais et soupent en italien ».

Si l'on veut étudier les langues étrangères pour les posséder et s'en servir, ce n'est qu'à la fin des études primaires ou dans la période de l'adolescence que l'on pourra le faire efficacement, et alors, la méthode qui s'impose est évidemment ce qu'on appelle la méthode directe, que les pédagogues modernes n'ont pas inventée, car, avant eux, Luther a dit : « On apprend l'allemand ou toute autre langue beaucoup mieux en l'entendant parler dans la maison, dans les affaires et à l'église que par les livres. »

15. — Économie domestique.

Les programmes de 1887 disent :

« Le travail manuel des filles, outre les ouvrages de couture et de coupe, comporte un certain nombre de leçons, de conseils, d'exercices au moyen desquels la maîtresse se proposera, non pas de faire un cours régulier d'économie domestique, mais d'inspirer aux jeunes filles, par un grand nombre d'exemples pratiques, l'amour de l'ordre, de leur faire acquérir les qualités sérieuses de la femme de ménage et de les mettre en garde contre les goûts frivoles ou dangereux. »

Au Congrès international de l'enseignement primaire de 1900, on a émis le vœu que l'éducation ménagère, qui est nécessaire au père de famille comme à la mère, figure désormais, dans une certaine mesure, au programme des écoles de garçons.

Il est évident que l'économie domestique, en tant que moyen d'éducation générale, convient aux deux sexes, et que le savoir-faire ménager n'est inutile à personne.

L'ouvrier qui a des habitudes d'ordre, qui sait un peu coudre, qui peut allumer le feu, éplucher des légumes, faire une omelette, qui est capable de savonner un mouchoir, n'est pas déchu de sa qualité d'homme, au contraire. Les tailleurs et les cuisiniers sont des hommes comme le menuisier et le forgeron. L'homme n'est pas nécessairement un être maladroit.

Est-ce qu'à la caserne le soldat (c'est bien un être viril, celui-là) ne doit pas exécuter tous les travaux du ménage?

Toutefois, il faut prendre garde.... A l'école maternelle, où la coéducation existe, on peut donner les mêmes enseignements; mais, à l'école primaire, il faut donner une éducation spéciale à chaque sexe, du moins sur certains points.

Que le petit garçon apprenne à la maison à balayer, à faire son lit, à cirer ses chaussures, à enlever les taches de ses vêtements, à brosser et à plier ceux-ci, et à faire les commissions : rien de mieux. Mais ce n'est pas à cela que plus tard il devra s'employer... c'est à l'exercice d'une profession, tandis que la jeune fille devra, elle, au contraire, tenir sa maison, élever ses enfants. Sans doute, il y a des femmes qui travaillent aussi au dehors, mais celles-là devraient être l'exception.

L'intérieur de la maison est le royaume de la femme. C'est là qu'elle règne, qu'elle gouverne. C'est là seulement qu'elle peut trouver la félicité et donner en même temps le bonheur à son époux et à ses enfants. C'est pour le ménage que la famille et l'école doivent l'élever.

C'est surtout dans les villes que la science du ménage doit être enseignée aux jeunes filles. Si ces futures mères de famille veulent que les maris, ouvriers ou employés, fuient le cabaret ou le café, il faut qu'elles apprennent à faire du foyer domestique un lieu où l'homme puisse dire : « on est bien chez soi ! »

Mais rappelons encore qu'à la campagne, le cultivateur, l'ouvrier agricole, l'ouvrier industriel également se plairaient beaucoup mieux qu'à la ville s'ils avaient un intérieur commode et propre, à la porte duquel, pour entrer, on laisserait ses chaussures de travail, s'ils y trouvaient une alimentation variée et préparée avec soin, si, en un mot, la maison familiale était un petit « cottage » ou tout au moins un véritable « home ».

Hélas, là, comme à la ville, que d'incurie ou de fausses activités féminines! Que de jeunes filles ont, comme la Sophie de Rousseau, le dégoût de la cuisine, où l'on « tache ses manchettes » et de la terre « qui sent mauvais à cause du fumier ».

Un jour, une jeune personne était placée à table entre deux amis de la famille. L'un d'eux lui demanda si c'était elle qui avait fait certain gâteau qu'il trouvait délicieux : « Je ne m'occupe pas de ces choses-là, » répondit la demoiselle d'un ton piqué.

Il n'y a pas que les jeunes bourgeoises, maintenant, « qui ne s'occupent pas de ces choses-là », et affectent de dédaigner les travaux du ménage. Les femmes qui travaillent au dehors, certaines femmes d'employés et d'ouvriers pensent de même.

Et pourtant il faut que le mari, de retour au logis, trouve un délassement, une détente salutaire. Il faut que sa compagne comprenne qu'il n'a qu'un court moment de répit et que, harassé de la besogne faite, pressé par celle qui l'attend, tout, à la maison, doit concourir à la reconstitution des forces qu'il dépense pour le bien commun, sinon... La sérénité et la joie s'enfuient de la maison de la mauvaise ménagère, comme le lait sur le feu, en répandant tout autour une odeur d'âcreté, tandis qu'au contraire la bonne ménagère peut voir flotter de poétiques et rassurantes images dans les vapeurs de son pot-au-feu.

Avouons-le néanmoins, — et cela est rassurant — de grands efforts sont faits chez nous et à l'étranger pour donner aux jeunes filles le goût de l'économie domestique et de l'économie rurale. Il suffit de parcourir le rapport général de M. René Leblanc pour en être convaincu.

Il y a trois degrés d'organisation d'enseignement ménager : 1° éducation donnée dans la classe même; 2° éducation dans une salle spéciale annexée à l'école; 3° éducation dans une école spéciale, distincte.

Ces trois formes existent dans beaucoup de pays. La troisième s'associe quelquefois à l'école professionnelle.

Les trois genres sont pratiqués à Paris.

Une organisation très simple et qui produit d'excellents résultats dans un quartier ouvrier est celle de l'école primaire de l'impasse d'Oran, 12.

La directrice, Mme Bernard, y fait donner l'enseignement ménager à toute la première classe comprenant des élèves qui n'ont pas toutes le certificat d'études.

Les élèves sont réparties en quatre sections de 12 élèves. Chaque section reçoit, pendant une semaine, l'enseignement spécial de cette façon :

Lundi, mardi, mercredi, de 10 heures à 1 heure, cuisine simple, soupe, plat de viande, plat de légumes, de temps en temps un plat sucré, consommés par les douze élèves et une maîtresse, — remise en état du matériel employé.

Mercredi, de 2 heures 1/2 à 4 heures, blanchissage.

Vendredi, de 2 heures 1/2 à 4 heures, repassage. Le linge, celui de la cuisine et deux pièces apportées par chaque élève, sèche le *jeudi*.

Les jours de cuisine, les élèves apportent leur pain et leur boisson.

Cette organisation, très peu compliquée, permet à la section ménagère d'avoir chaque jour, pendant la semaine de service, plusieurs leçons d'enseignement général communes aux trois autres sections.

En province on éprouve un peu plus de difficultés à organiser cet enseignement; mais, grâce à l'activité de certains inspecteurs primaires, l'économie domestique y est en progrès. A *Lens*, deux matinées, le mardi et le vendredi, sont entièrement consacrées aux travaux de cuisine et d'économie domestique; l'après-midi des trois autres jours est utilisé, pendant deux heures, par le travail manuel.

Dans toute une circonscription, deux fois par mois, l'été, le jeudi matin, l'institutrice réunit ses grandes élèves et les répartit en groupes : l'un fait les achats, l'autre épluche les légumes, le troisième cuisine, le quatrième met la table et sert ; une élève est comptable. Chacune paie son écot (de 25 à 35 centimes), et tout le monde va faire une promenade. Les maîtresses qui possèdent un assez grand jardin offrent généralement les légumes.

En Belgique, en Suisse, en Allemagne, où toutes les femmes tiennent à mériter l'estime du bonhomme Chrysale, en Suède, etc., on trouve des types complets de l'école ménagère spéciale.

Celle de la rue Lockenghien, à Bruxelles, s'adresse aux jeunes filles qui ont terminé leurs études primaires. Les travaux se font par groupes d'élèves. Chaque semaine, les différentes séries cuisinent deux jours et font un lavage et un repassage. Le reste du temps est consacré aux travaux de couture et aux cours théoriques.

A Londres, il y a des locaux communs à plusieurs écoles; il y a des écoles spéciales d'économie domestique; il y a même une école supérieure de *science domestique*.

Certaines écoles ménagères sont installées dans le voisinage d'une crèche, afin que les jeunes filles apprennent à soigner les enfants en bas âge (voir chapitre suivant sur la *puériculture*).

Dans le but de rendre plus utiles les travaux de couture, on a, dans certaines écoles, établi des cours de coupe et d'assemblage, c'est-à-dire des cours qui apprennent à dessiner le patron d'un vêtement, à couper ensuite l'étoffe et à assembler les pièces ainsi préparées.

Pendant longtemps, la coupe a été l'apanage des tailleurs et des couturières. Cet art si utile n'était point soumis à des formules précises, à des règles géométriques permettant d'en faire l'objet d'un enseignement collectif. Des méthodes fort simples, bien connues présentement, ont été créées à cet effet par Mme Schéfer et par Mlle Grandhomme. Maintenant, une institutrice peut apprendre à ses élèves à couper elles-mêmes toutes les pièces d'un vêtement de femme et de jeune enfant. Ajoutons que les couturières de profession semblent dédaigner ces méthodes, dites « linéaires », qui leur paraissent trop commodes, et qui, selon elles, ne peuvent s'appliquer utilement à leur « art ». Elles préfèrent le « moulage », avec une étoffe légère et de peu de valeur, sur la personne à habiller, et le report sur l'étoffe définitive.

Quoi qu'il en soit, les méthodes de coupe ont produit d'excellents résultats dans les écoles de filles. L'Exposition de 1900 nous a révélé non seulement des résultats d'ensemble très satisfaisants, mais encore des spécimens de travaux individuels dénotant beaucoup de savoir-faire et de goût.

Voici le programme du cours de coupe et d'assemblage des classes complémentaires de Paris :

COURS COMPLÉMENTAIRE (1re ANNÉE)

Dessin. — Tracé du corsage de dessous ou cache-corset à l'aide des mesures prises sur les élèves de la classe.

Couture. — Cache-corset ou corsage de dessous.

Dessin. — Tracé du dos et des deux petits côtés du corsage à basques.

Tracé d'un objet de lingerie indiqué au commencement de l'année.

Couture. — Exécution d'un objet de lingerie d'après le patron dessiné.

Dessin. — Devant du corsage à deux petits côtés.

Couture. — Corsage en mousseline à patrons taillés d'après les patrons exécutés précédemment. — Corsages ou chemisettes pour les élèves.

COURS COMPLÉMENTAIRE (2e ANNÉE)

Dessin. — Revision du tracé du corsage à deux petits côtés.

Tracé d'un objet de lingerie indiqué au commencement de l'année.

Couture. — Exécution de cet objet de lingerie.

Dessin. — Continuation de l'étude du corsage à deux petits côtés.

Tracé de la manche avec dessous plus étroit.

Etude de la jupe simple.

Couture. — Confection de chemisettes et de corsages destinés aux élèves et taillés sur les patrons exécutés dans ce trimestre.

Coupe et assemblage de quelques jupes destinées à des élèves.

Les élèves des écoles primaires peuvent ainsi se rendre utiles à elles-mêmes et à leurs familles. On a eu encore la pensée charmante et morale de les faire travailler pour les crèches, les bureaux de bienfaisance, pour leurs propres camarades. Elles font donc l'apprentissage de la solidarité. Mais, avant tout, l'enseignement doit être méthodique, et, si les objets confectionnés peuvent être utilisés ainsi, leur utilisation n'est pas le but principal des études. Les écoles primaires ne sauraient se transformer en ouvroirs.

C'est surtout dans les cours complémentaires que l'enseignement ménager, de même que celui de la couture, peuvent devenir réellement pratiques; c'est là que les jeunes filles mettent réellement « la main à la pâte ».

En effet, dans beaucoup de villes, pour la cuisine, le lavage et le repassage, on a annexé aux écoles des salles spéciales et organisé un enseignement plus élargi et beaucoup plus complet que celui que nous avons déjà fait connaître. Les élèves sont détachées périodiquement des cours ordinaires et passent, par groupe de dix ou douze, successivement à la cuisine et à la buanderie, où elles sont placées sous la direction d'une maîtresse cuisinière et d'une maîtresse blanchisseuse, et surveillées par une institutrice. A la cuisine, les jeunes filles, qui ont été à la peine, sont au profit, car elles mangent elles-mêmes les aliments qu'elles ont préparés. Les élèves sont exercées à acheter, sous la surveillance de la maîtresse, les matières premières servant à la préparation des aliments.

On a songé quelquefois à se servir de la cantine scolaire, là où elle existe; mais on y a vite renoncé, parce que la cantine, avec sa grande quantité et son peu de variété d'aliments, ne ressemble en rien à la cuisine d'un ménage. Les élèves n'y étaient que des aides.

Le linge à laver et à repasser peut être celui que l'élève apporte elle-même ou celui que lui donne la directrice.

Voici, pour les cours complémentaires de Paris, les instructions et les programmes de 1895 :

COURS DE CUISINE

Le cours de cuisine comprendra .

1° L'achat des provisions nécessaires au déjeuner et dont la liste est fixée d'avance par le menu du jour. Deux ou trois élèves, accompagnées de la maîtresse cuisinière et d'une institutrice, iront, à tour de rôle, faire ces provisions ;

2° La tenue du carnet de dépenses;

3° La préparation et la cuisson des aliments;

4° La mise du couvert ;

5° Des conseils concernant le nettoyage et le rangement de la cuisine.

Toutes ces opérations devront être décrites au fur et à mesure de leur exécution. Elles seront terminées à midi. Les élèves cuisinières déjeuneront ensuite et jugeront de la qualité des mets confectionnés. (Elles apporteront de chez elles leur pain et leur vin.)

Voir ci-contre seize menus pour une année scolaire.

COURS DE BLANCHISSAGE ET DE NETTOYAGE

L'emploi du temps de ce cours est réglé pour chaque leçon.

Le programme de seize leçons, à répéter deux fois pour l'année scolaire, figure ci-après.

La directrice de l'école comprendra la nécessité de procurer aux élèves les objets mobiliers à nettoyer. Le matériel de l'école en fournira d'ailleurs un certain nombre.

Chaque élève de ce cours apportera à l'avance les menues pièces de linge que la directrice fera laver au moyen de l'allocation destinée au cours.

HUIT MENUS D'ÉTÉ

SEMAINES	JOURS	SOUPE	VIANDE	LÉGUMES ET DESSERTS
1re semaine	Mardi...	Pot-au-feu.	Bœuf bouilli. Lapin en gibelotte.	Légumes verts.
	Mercredi.	Bouillon aux pâtes.	Restes de bœuf accommodés en boulettes, au gratin, etc. Blanquette de veau.	Salade.
2e semaine.	Mardi...	Soupe aux choux et au lard.	Rôti de mouton : épaule ou gigot aux haricots.	Œufs au lait.
	Mercredi.	Vermicelle au beurre.	Restes de mouton en émincés ou braisés. Pommes de terre en purée avec saucisses.	Fromage à la crème.
3e semaine.	Mardi...	Soupe à l'oignon.	Veau rôti. Poisson au court-bouillon avec sauce blanche ou sauce verte.	Salade de légumes.
	Mercredi.	Soupe à l'oseille.	Croquettes de veau. Abatis de volaille aux pommes de terre.	Dessert.
4e semaine.	Mardi...	Potages aux pâtes.	Bœuf à la mode garni de légumes.	Gâteau de riz.
	Mercredi.	Soupe au lard et aux pommes de terre.	Bœuf à la mode froid. Omelette aux croûtons.	Salade.

Les élèves qui ont exécuté les menus du mardi, le premier mois, exécutent ceux du mercredi, le deuxième mois.

COURS DE REPASSAGE

Nettoyages. — Diverses préparations.

1re semaine.

Mardi. — 1° Repassage du linge uni : mouchoirs, serviettes, etc. Préparation de l'empois cru. Amidonnage et repassage de linge facile : cols, poignets, petits jupons ;

2° Fabrication d'encaustique destinée aux nettoyages des meubles vernis ou cirés.

Enlèvement des taches suivantes sur du linge blanc : taches d'encre, taches de rouille, taches de fruits.

Mercredi. — Mêmes exercices que le mardi.

2e semaine.

Mardi. — 1° Préparation de l'empois cuit. Amidonnage et repassage comme à la première leçon. Repassage de quelques objets unis en mousseline ;

2° Nettoyage de meubles à l'encaustique. Enlèvement de taches de graisse, de sucre, de bougie sur des étoffes de laine.

Mercredi. — Mêmes exercices que le mardi.

3e semaine.

Mardi. — 1° Repassage comme à la deuxième leçon. Commencement de tuyautage sur des bandes de mousseline ou de nansouk ;

2° Préparation et nettoyage d'une lampe, nettoyage d'objets en cuivre, d'objets en acier, en corne, etc.

Mercredi. — Mêmes exercices que le mardi.

4e semaine.

Mardi. — 1° Repassage de linge plus difficile. Tuyautage d'objets faciles, tels que bonnets et cols à un rang ;

2° Nettoyage de gants, d'étoffes de laine tachées de graisse ou de cambouis.

Mercredi. — Mêmes exercices que le mardi.

Les mêmes exercices sont répétés pendant le deuxième mois.

Il serait injuste, à propos de l'enseignement ménager, de ne pas rappeler l'œuvre de M. Charles Driessens. Ce novateur, ce philanthrope, après avoir acquis une certaine fortune comme restaurateur à Saint-Denis, s'est fait l'apôtre de l'art ou plutôt de la science culinaire dans nos foyers. Il a d'abord fait des cours publics et gratuits aux jeunes filles et aux femmes dionysiennes, puis, rue du 4 Septembre, aux parisiennes. Mais comme il n'avait affaire qu'à une clientèle riche, parce que les ouvriers, qui peinent toute la journée, sont fatigués le soir, il pénétra, pour atteindre le monde du travail, dans les écoles primaires supérieures et dans les amicales. Il a certainement contribué, pour une grande part, à l'introduction, dans les écoles, des cours pratiques de cuisine.

M. Bayet, qui semble s'être donné pour mission de régler, sans nuire à leur développement, toutes les œuvres nouvelles d'éducation, caractérise bien nettement, dans le passage suivant, ce que doit être l'éducation ménagère :

« Education ménagère, entendons-nous. Il ne s'agit pas simplement de donner aux jeunes filles des préceptes d'économie domestique, de leur apprendre qu'il faut faire de bonne cuisine avec peu d'argent : il s'agit d'un programme plus vaste encore. Quand toutes nos jeunes filles seront de bonnes ménagères, quand elles sauront donner, dans notre classe ouvrière, au logement très modeste un aspect propre, confortable, même sans grande dépense, et cette élégance qui est faite de quelques bouts d'étoffe, d'un rideau, de fleurs sur la cheminée; quand le mari, rentrant fatigué de l'atelier, trouvera le logis souriant, la table bien mise, les mets bien servis, les enfants contents et bien vêtus, vous pouvez être sûr que, le repas fini, il n'aura pas envie de s'enfuir de son intérieur et d'aller chercher au cabaret des camarades et un faux confort. »

Ajoutons que ces conseils ont été entendus et que les générations actuelles d'écolières arriveront à l'âge adulte mieux préparées que leurs devancières aux fonctions qui les attendent.

16. — Puériculture.

On pensait autrefois que la maternité apportait avec elle l'aptitude à élever les jeunes enfants et l'on aurait souri si on avait entendu parler « d'écoles des mères ». On comptait sur l'instinct maternel pour résoudre toutes les difficultés de l'éducation des jeunes bébés.

Néanmoins, de tout temps, dès sa première grossesse, la future maman n'oubliait point, tout en préparant sa layette, de se renseigner sur les soins à donner au petit être attendu, de même que ses parentes ou amies plus âgées ou plus expérimentées qu'elle, ne manquaient point de lui donner, après la délivrance, les premières leçons pratiques.

Mais ensuite, combien les hésitations, les fautes même de la jeune mère ignorante ont causé de malheurs irréparables ! Combien d'enfants, les premiers nés surtout, auraient pu échapper à la mort si leur mère avait mieux connu les principes de l'hygiène infantile. La statistique nous dit, pour Paris seulement : 2500 par an !

Et puisqu'il est vrai que la natalité diminue beaucoup en France, n'est-il pas juste, n'est-il pas patriotique même, de chercher à conserver précieusement les jeunes existences ?

Ces préoccupations, d'ordre humanitaire autant que d'ordre économique, ont incité les médecins, les éducateurs, les philanthropes, etc., à créer pour les jeunes femmes et les jeunes filles des cours théoriques ou pratiques de *puériculture*, science que l'on considère maintenant comme étant d'un intérêt national.

En 1900, au Congrès des œuvres et des institutions

féminines, on a voté, indépendamment de la création « d'écoles des mères » où l'on ferait une certaine place aux études embryologiques, — ce qui nous paraît un peu hardi — l'annexion de crèches aux écoles primaires, aux écoles supérieures et aux écoles normales en vue d'un enseignement pratique de l'éducation des tout jeunes enfants.

Nous avons déjà dit [1] nos craintes relatives à cette idée si séduisante des *pouponnières-écoles* (difficulté de donner un enseignement collectif, manque de sérieux des élèves qui voudraient jouer à la poupée vivante — et surtout danger d'épidémies) [2]; mais nous souscrivons sans réserve aux notions théoriques données à l'école même et rattachées aux leçons dans les divisions supérieures (cours supérieur et cours complémentaire). Encore faut-il que ces notions spéciales soient à la fois scientifiques et simples, nettes et discrètes.

On doit d'ailleurs considérer qu'à l'âge des premières impressions fortes, à l'âge où la jeune fille ouvre son âme à la vie et semble avoir déjà le pressentiment de ses devoirs futurs, à l'âge où, dans les familles nombreuses, elle a souvent à remplacer la mère auprès du nouveau-né, il y aurait intérêt à appeler son affection sur le tout petit enfant, à lui faire comprendre la fragilité et le prix de ce cher petit être sans défense, à lui dire les risques qu'on lui fait courir à toute heure, faute de savoir le protéger et l'élever, et surtout à la mettre en garde contre les préjugés sots et dangereux du gavage, du respect au fameux « chapeau » de crasse, contre les méfaits du biberon, etc.

Un essai d'enseignement de la puériculture a été tenté récemment à l'école de filles du boulevard Péreire. L'an-

1. *Écoles urbaines*, p. 273.

2. On nous affirme que dans certaines localités, à Reims notamment, les fillettes des écoles primaires sont conduites à la crèche et qu'elles y acquièrent de sérieuses connaissances pratiques.

cienne directrice, actuellement inspectrice des écoles maternelles, *Mme Girard*, avec l'appui de M. Durand, secrétaire de l'académie de Paris et le patronage du Directeur départemental, du Recteur et du Directeur de l'enseignement primaire, a fait appel à un prince de la science, le *docteur Pinard*, l'apôtre de la puériculture en France, lequel est venu faire aux jeunes écolières une série de six conférences, qui ont eu un certain retentissement, car toute la grande presse en a rendu compte avec d'unanimes éloges. Le docteur Pinard parlait à son auditoire comme parlerait à sa fille une mère qui n'ignorerait rien de l'anatomie et de la physiologie ; il employait, avec un rare bonheur et une grande simplicité, les expressions courantes de la famille.

Les mêmes conférences ont été faites, avec le même succès, à l'école normale d'institutrices de la Seine. Reproduites en un petit ouvrage, elles constitueraient, pour les maîtresses, un guide précieux. D'ailleurs, l'Académie de Médecine vient de rédiger une instruction sur l'hygiène du premier âge, que les médecins, les sages-femmes, devront faire connaître aux jeunes mères qui demanderont leur assistance.

En attendant que les institutrices soient préparées à parler scientifiquement de la puériculture à nos filles, elles peuvent leur en parler comme d'une chose sérieuse qui, dans l'avenir, éclairera l'amour maternel et conservera au pays le plus grand nombre de ses enfants.

Et souhaitons qu'au dehors de l'école, elles puissent avoir, à la campagne surtout, assez d'autorité pour imposer leurs conseils aux mères ignorantes, et retarder, enrayer, la mortalité des enfants en bas âge. Quelle précieuse ressource serait, dans une commune rurale, une institutrice expérimentée, chargée, par exemple, de la surveillance des nourrissons !

17. — Dessin.

Il n'y a pas encore bien longtemps que, parmi ce qu'on était convenu d'appeler pour la femme « les arts d'agrément », figuraient le *dessin*, la *peinture*, le *piano*, le *chant*, la *danse*, etc. Aujourd'hui que l'éducation vise plutôt le côté utilitaire que le côté spéculatif, la plupart de ces arts d'agrément ont pris une réelle importance pour toutes les jeunes filles. Les uns, comme le dessin, la peinture, le piano, font souvent partie d'une éducation professionnelle; les autres, comme le chant et la danse, sont plutôt considérés comme des adjuvants précieux à l'éducation physique et à l'éducation esthétique.

Les arts, les beaux-arts, comme valeur éducative, conviennent bien aux femmes dont ils forment le goût et, par suite, augmentent les autres qualités. Il est bien rare que les femmes de goût soient gauches, maladroites, choquantes; celles qui ne sont pas insensibles à une belle œuvre d'art (peinture, sculpture, symphonie), ne le sont pas non plus au récit d'une belle action, d'un acte de courage, d'une infortune, d'un malheur. Si l'éducation artistique ne forme pas des artistes, ce qui n'est pas toujours désirable, elle forme donc des femmes aimables et bonnes, ce qui vaut infiniment mieux.

Le *dessin* convient parfaitement aux jeunes filles, non seulement comme source d'agrément, mais parce qu'il leur offre une occupation calme et sédentaire qui leur sied bien. Il occupe à la fois l'esprit et les mains; il assaisonne de quelque plaisir les travaux d'aiguille, dont les femmes de toute condition ne doivent pas se dispenser. Il leur apprend, en fait de toilette et d'ameublement, à discerner ce qui est de bon ou de mauvais goût et à ne pas regarder une chose comme belle et précieuse parce qu'elle est rare, qu'elle coûte cher, ou qu'elle est de mode.

Instruire une femme, a dit M. Paul Colin, c'est créer une école dans la famille; l'instruire fortement dans le dessin, c'est l'obliger à répandre autour d'elle deux sources fécondes de travail et de moralisation; d'ailleurs on dessine, on exécute mille objets d'art délicat qui orneront le foyer, sans quitter le toit protecteur de la famille ou sans perdre de vue le berceau de l'enfant. »

Nous avons donné ailleurs le programme de dessin des écoles de la ville de Paris [1], qui s'applique aux écoles des deux sexes; mais il est un genre de dessin qui plaît particulièrement aux jeunes filles, c'est celui de la plante et surtout celui de la fleur. Les tiges flexibles, les fanes légères, les corolles variées de forme et de couleur, les gracieux contours, les doux parfums, tout, dans la plante, attire la jeune fille.

C'est probablement inspirée de ces sentiments que Mme Schéfer, la très compétente inspectrice du travail manuel et du travail professionnel des écoles de Paris, a élaboré, avec Mlle Klein, un programme de composition décorative comprenant les dix points suivants :

1° L'étude des éléments géométriques, base de tout dessin;
2° L'étude de la feuille, sa stylisation, son application en broderie;
3° L'étude de la fleur; un type, la ronce; broderie au passé;
4° L'inflorescence; étude de l'œillet; semis, tapisserie;
5° Classification des plantes; étude de l'iris; étude de la palmette;
6° L'étude du fruit; fraisier; étude des bandes, angles de bordures, etc.;
7° L'étude du géranium cultivé; différentes ornementations du carré;
8° Pois; lignes sinueuses, lignes brisées, grecques; broderies de fantaisie;
9° L'étude du cyclamen et des insectes; crosses, enroulements, spirales, rinceaux;

1. *Écoles urbaines*, p. 264.

10° L'étude de la tulipe; enlacement; imbrication; ornementation des surfaces planes limitées par un polygone; broderie Richelieu.

Il y a là, à notre avis, un effort considérable pour sortir de la vieille routine mécanique de la copie de dessins d'ornement morts et froids, de celle des yeux, des nez, des bouches, voire même des têtes, etc. Nous avons vu toute une classe étudier une gerbe de fleurs achetée au marché : cette gerbe, d'abord dessinée comme chaque élève l'apercevait, était ensuite partagée entre toutes et donnait lieu, pour chacune, à un arrangement d'un motif particulier; on rentrait ainsi dans le domaine de la nature, cette mine inépuisable de l'art.

Les écoles de filles de Paris et de la plupart des grandes villes de France sont en grand progrès sur ce point, et la méthode d'éducation artistique, dite méthode Prang, usitée aux Etats-Unis, et dont on a pu admirer, à l'Exposition de 1900, les heureux résultats, n'a rien apporté de nouveau dans notre pays; elle confirme simplement, chez nos maîtresses, l'excellence des procédés qui consistent à adapter le dessin à l'éducation artistique, esthétique de la jeune fille et aux besoins de la vie moderne.

18. — Education d'anormaux.

Nous avons indiqué ailleurs comment doit se faire l'éducation des enfants des deux sexes privés de la parole et de l'ouïe ou de la vue.

En ce qui concerne plus particulièrement les jeunes filles aveugles ou sourdes-muettes, il y a lieu de considérer que ces malheureuses ne sont pas destinées à se marier — et il n'est pas souhaitable qu'elles le fussent. Sans doute leur affection, leur amour est aussi respectable que celui des personnes normales; en tout cas il est plus digne de pitié. Mais il ne faut pas perdre de vue que les unions entre anormaux sont des unions de malades et qu'elles peuvent avoir des conséquences déplorables pour les enfants qui en sortiraient. Le mariage d'un homme sain et vigoureux avec une sourde-muette et surtout une aveugle n'offre pas de sérieuses garanties de bonheur pour aucun des deux époux. Quelles que soient la tendresse et la bonne volonté du mari, ce ne sera de sa part que de la charité : la femme souffrira de ne pas être aimée pour elle-même et de ne pas pouvoir donner à la communauté l'équivalent des sacrifices de son conjoint.

Il faut donc élever ces jeunes filles de façon qu'elles puissent un jour se suffire à elles-mêmes. C'est dire qu'il faut leur donner une instruction générale et une instruction professionnelle leur permettant de gagner leur vie.

Pour les sourdes-muettes, on prétend qu'elles font d'excellentes domestiques; avec elles l'éducation ménagère s'impose; mais il paraît encore qu'elles excellent dans la couture et qu'elles deviennent des giletières et des culottières très habiles. Ce sont du moins les résultats que l'on obtient à l'Institut départemental d'Asnières. En ce qui concerne les aveugles, nous avons vu à l'école Braille, à Saint-Mandé, de jeunes ouvrières aveugles travailler artistement, merveilleusement à la confection des couronnes de perles, mariant les couleurs dans leur travail avec la même facilité que les voyantes. Elles réussissent bien également dans le rempaillage et le cannage des chaises, la fabrication des paillassons, et peuvent donc gagner leur existence et être indépendantes par leur salaire. Mais, hélas, elles ne le seront jamais totalement, car, pour leur propre travail, elles auront toujours besoin de l'aide d'un voyant.

HUITIÈME PARTIE

AVANT L'ÉCOLE

1. — Les crèches.

Les crèches sont établies surtout dans les grands centres où, pour suffire à une partie des besoins de la famille, la femme quitte souvent le foyer, le berceau, sans songer, la malheureuse, que le travail fait au dehors de sa demeure détruit, amoindrit tout au moins, cette famille même. La veuve, la fille-mère sont souvent obligées de subir la nécessité du travail extérieur.

La première victime de cette loi de fer du salariat, c'est l'enfant, l'enfant que l'on confie souvent à une voisine, à une personne inexpérimentée, quelquefois à une jeune fille ou à une vieille femme. Là où on peut réunir assez d'enfants, on a créé des crèches. (Voir, pour l'organisation des crèches, *les Ecoles urbaines*, p. 333.) Mais il faut s'assurer que leur fonctionnement est une aide pour les mères réellement travailleuses et non une prime à la paresse ou à l'indifférence des autres.

2. — L'école maternelle.

Les écoles maternelles n'existent que dans les grandes villes et, légalement, dans les communes de plus de 2000 habitants. Nous avons indiqué, dans *les Ecoles urbaines*, p. 325; comment ces écoles doivent être tenues. Dans les classes enfantines ou dans la dernière division des écoles primaires, il est évident qu'en ce qui concerne les jeunes enfants, il faut s'inspirer des procédés de l'école maternelle.

Il faut, aux bébés, des soins plutôt qu'un enseignement véritable. Beaucoup d'excellents pédagogues croient que, dans les écoles maternelles, on enseigne trop et qu'on n'y joue pas assez. Dans certains pays étrangers, les écoles maternelles sont fort en honneur. Aux Etats-Unis, le « jardin d'enfants » est organisé sur un plan large et élevé. « On le considère, dit un homme d'État américain, non seulement comme un facteur excellent d'éducation pour l'âge auquel on s'adresse, mais on lui attribue la valeur d'un principe général d'inspiration pour l'éducation tout entière. »

C'est sans doute dans le même ordre d'idées que M. Pécaut, après une visite d'école maternelle, se posant ces questions (*Quinze ans d'éducation*), s'exprime ainsi :

Qu'y a-t-il dans l'éducation des écoles maternelles? Qu'y manque-t-il peut-être? Il y a d'excellentes habitudes d'*humanité* qui dégrossissent ce petit animal : propreté, décence, obéissance, régularité, véracité, respect, politesse, etc.; on y a appris à lire, à chanter, à dessiner, à coudre. Il y a la confiance pour la maîtresse;... tout cela vaut son prix.

Mais suscite-t-on un sentiment moral personnel? Éveille-t-on la conscience? enfin, question plus grave, le sentiment religieux est-il cultivé? Dieu absent, de quelque façon qu'on le conçoive, tous les autres sentiments gardent quelque chose d'étroit, d'étriqué, quelque chose de terne; la morale est purement sociale. Dieu présent, c'est l'infini, c'est l'ordre universel qui se reflète en tout sentiment. L'horizon de l'enfant, bas et resserré, s'agrandit, comme le veut la vérité des choses, jusqu'à l'infini : sa petite vie individuelle lui apparaît enveloppée dans la vie universelle. Et ce qu'il faut, c'est non un mot, mais une inspiration.

Pour une éducation semblable, il est indispensable d'avoir

des maîtresses expérimentées et non de ces jeunes postulantes, dont beaucoup débutent dans ces écoles pour y attendre impatiemment leur tour d'entrée dans les écoles primaires. On ne peut faire une bonne institutrice maternelle qu'à condition d'être une vraie maman ou d'en avoir les instincts.

Il faut comprendre que le mouvement est dans la nature même de l'enfant, qu'il lui est nécessaire pour développer son petit corps, donner de la force à ses muscles, acquérir de la santé ; que tout intéresse le jeune bébé : la cravate de la maîtresse, le béret du camarade, l'oiseau qui chante dans l'arbre voisin, la mouche qui se pose sur sa tartine, la porte qui s'ouvre ou se referme, etc., et qu'on ne peut le condamner à l'immobilité et au silence. Il faut aussi beaucoup d'attention et d'habileté pour éveiller la conscience de chaque élève, ouvrir son âme à toutes les impressions morales.

NEUVIÈME PARTIE

APRÈS L'ÉCOLE

1. — Ecoles primaires supérieures.

« Les écoles primaires supérieures de jeunes filles, dit la circulaire ministérielle du 15 février 1893, auront des programmes *analogues* et non *identiques* à ceux des écoles de garçons. »

Et, en effet, on a établi des programmes distincts pour les écoles de garçons et pour les écoles de filles.

En général, les programmes des filles sont moins étendus que ceux des garçons et ils visent surtout les notions pratiques indispensables à la femme. Nous avons déjà indiqué les instructions relatives à l'*éducation morale* (p. 127). L'hygiène, le droit usuel, l'économie politique, le dessin, et, cela va sans dire, le travail manuel et l'économie domestique, s'adressent tout spécialement aux besoins féminins.

C'est ainsi que M. René Leblanc caractérise une école primaire de jeunes filles de Marseille (*boulevard des Dames*).

C'est un établissement d'enseignement général sans sections professionnelles, où l'on paraît se préoccuper moins de donner à la jeune fille de vastes connaissances que d'éveiller son esprit et de la préparer à son futur rôle d'épouse et de mère. A lire les devoirs des élèves et les plans des leçons, qu'il s'agisse de lettres ou de sciences, on constate le souci constant du professeur de simplifier son exposé, de choisir ce qui convient particulièrement aux jeunes filles et d'insister sur les applications à la vie quotidienne. Les leçons de chimie, par exemple, négligent les méthodes industrielles, mais elles exposent, après en avoir préparé la théorie, les procédés de l'économie domestique, les prescriptions de l'hygiène. On fait continuellement appel au raisonnement, ce qui est le meilleur moyen de combattre la routine, mère des préjugés et de l'erreur.

La directrice de cette école nous fournit des renseignements très précieux sur les études et sur les procédés de discipline. C'est ainsi qu'elle a imaginé un petit recueil, où l'élève mentionne les passages de ses lectures qui lui plaisent le mieux, ce qui l'habitue à la réflexion, lui fait acquérir de nouvelles connaissances, lui apprend à lier une idée à l'autre et devient un auxiliaire pour la composition française.

On fait prendre aux élèves des habitudes d'ordre, de propreté et d'économie. On exige une tenue simple, mais d'une extrême propreté. L'uniforme de classe, car il y a un uniforme, est un grand tablier noir, brodé à la couleur de la classe, rouge, mauve ou bleu, et serré à la ceinture par une cordelière de même couleur. Les cheveux sont relevés simplement, laissant le front découvert. Chaque élève est chargée d'un petit service : celle-ci, lingère, veille à l'entretien des torchons de tableaux noirs, une autre distribue l'encre; celle-là remet à leur place les objets qui ont servi pour les cours; une autre encore doit laver les ballons et les éprouvettes après les expériences; toutes veillent à la propreté générale; celle qui fait une tache d'encre sur le sol doit la faire disparaître immédiatement. Les élèves pratiquent l'économie, mais en même temps elles font la charité : elles sont les bonnes fées des petits de l'école maternelle voisine : elles préparent pour eux un arbre de Noël merveilleux; elles distribuent des poupées, des vêtements confectionnés par elles et des joujoux [1].

1. On pourrait citer beaucoup d'amicales d'écoles primaires, dans les grandes villes, à Paris, notamment place de Montrouge, où les sociétaires font ainsi la charité tout en pratiquant de la bonne solidarité.

Si dans les écoles primaires supérieures de jeunes filles on donne de préférence un enseignement général, il est bon toutefois que, dans les applications, on vise le côté pratique ; une femme sérieuse et intelligente ne doit pas s'en tenir aux connaissances générales. C'est ainsi qu'une étude attentive de la physiologie pourrait amener les jeunes filles à connaître des notions élémentaires d'hygiène et de médecine, qui leur seraient très utiles dans la famille. De même on devrait, dans les écoles supérieures, développer un peu le goût artistique des jeunes filles pour corriger les tendances utilitaires et souvent brutales que, dans la société, la lutte pour l'existence développe fatalement chez les hommes. C'est dans cet ordre d'idées que le nouveau recteur de l'Université de Paris a prescrit, après entente avec la direction des Beaux-Arts, pour les grandes élèves des lycées, chaque lundi et chaque vendredi, des promenades au Louvre, au Luxembourg et dans les différents musées de la capitale. Les élèves s'en vont là, par petites escouades, sous la conduite de leur maîtresse, de leur professeur de lettres ou d'histoire, et apprennent à ouvrir les yeux, à regarder et à pénétrer les chefs-d'œuvre. La notion et le sentiment du beau, sous toutes ses formes, sont une des parties les plus nobles et les plus salutaires de l'enseignement. M. Liard semble vouloir réaliser une idée de Fénelon, qui dit, dans son *Traité de l'éducation des filles*, « qu'il serait bon qu'elles entendissent parler les peintres et les autres gens qui ont ce goût exquis de l'antiquité ». Ces petites pérégrinations ont l'avantage d'enlever les jeunes filles aux livres et à la classe et de mieux convenir aussi à leur éducation physique.

Plus peut-être dans les écoles supérieures de filles que dans celles de garçons, il est nécessaire de créer la maîtresse-directrice d'études qui contrôle l'ensemble des travaux de la division à laquelle elle est attachée, qui stimule le zèle des élèves en renseignant la directrice sur chacune d'elles et entretient les rapports avec les familles. C'est d'ailleurs le régime des écoles primaires supérieures de Paris, où les fonctions de répétitrice générale correspondent à un préceptorat appliqué à des groupes d'élèves; c'est une mission à la fois morale, pédagogique et disciplinaire. Dans ces conditions, la répétitrice ou maîtresse générale assure un bon résultat des études : elle ouvre les intelligences, stimule les activités, élève et fortifie les sentiments, et provoque en toute occasion la mise en œuvre et la coordination de tous les enseignements. On lui doit toutes ces excellentes habitudes d'esprit et de caractère qui influent si puissamment sur l'avenir : l'attention, l'application, l'ordre, l'énergie, la persévérance et peut-être la droiture et la sincérité, qu'assure plus particulièrement l'action de la maîtresse unique.

2. — Cours complémentaire.

Le cours complémentaire est une heureuse transition entre l'école primaire et l'école supérieure ou le lycée et les cours d'enseignement supérieur. A l'école primaire élémentaire, la maîtresse est nécessairement une maîtresse unique; tandis que, dans les enseignements supérieurs, on est condamné à la multiplicité des professeurs. Cette diversité, avons-nous dit, devient une cause de confusion et de péril, de confusion pour les jeunes intelligences, et de péril pour les jeunes caractères. On n'est jamais aussi sûrement conduit que par une seule main. C'est pourquoi le cours complémentaire, surtout celui où la jeune fille n'est guidée que par une maîtresse, cours situé souvent dans l'école où elle a fait ses premières études, cours qui n'est pas éloigné du domicile de sa famille, constitue, à l'époque peut-être la plus critique de la vie de la femme, un véritable asile et procure un excellent complément d'éducation pour les élèves qui n'ont pas besoin de pousser trop loin leurs études.

D'ailleurs il est reconnu que les cours complémentaires, mieux que les écoles primaires supérieures, se sont adaptés aux besoins des futures maîtresses de maison. C'est dans les cours complémentaires que l'on trouve les meilleures organisations d'enseignement manuel et d'enseignement ménager.

Depuis quelque trente ans, il y a eu en France et à l'étranger une véritable floraison de cours complémentaires et de cours supérieurs, dont la société recueille déjà ou recueillera bientôt les fruits. Actuellement il y a en France 95 écoles primaires supérieures de jeunes filles, fréquentées par 12.000 élèves.

On a pu remarquer à l'Exposition de 1900 les documents envoyés de l'école supérieure de filles de Mostar (Bosnie-Herzégovine). Les photographies exposées et les programmes sont toute une révélation. Nous ne voulons pas parler des écoles des Etats-Unis où, depuis plus de quarante ans, l'enseignement supérieur des femmes défie toute concurrence. Mais, dans les Etats européens, les écoles primaires supérieures ou établissements correspondants se développent considérablement : en Angleterre, en Norvège, dans les Pays-Bas et en Allemagne, ces écoles se multiplient.

3. — Ecoles professionnelles.

La vieille loi de l'humanité : « Tu gagneras ton pain à la sueur de ton front » durera autant que l'humanité elle-même. Elle n'est d'ailleurs que la traduction des commandements impersonnels et inéluctables de la nature.

Il n'est pas sensé ni juste de croire que le travail est un châtiment. Quand on veut vivre, il faut agir, et, quand on agit, on travaille. Travailler, c'est appliquer son activité à produire des choses nécessaires à la satisfaction de nos propres besoins et des besoins d'autrui. Ceux qui croient que l'idéal de la vie est de ne rien faire sont en dehors du bon sens et de la nature. L'utilité est la raison de l'existence.

Les jeunes filles qui quittent l'école primaire doivent donc se mettre en bonne disposition de travailler, sachant bien que le travail porte avec lui sa joie, joie saine entre toutes, celle surtout qui a sa source dans la satisfaction du double besoin d'agir et de produire.

Mais il faut faire des œuvres utiles. Certains travaux, dits d'agrément, souvent frivoles et quelquefois fatigants, ont trop d'importance dans la vie féminine. Confectionner et orner une jolie pièce de lingerie pour soi et pour son trousseau est sans doute une occupation utile et agréable ; mais il convient d'éviter l'excès et de discerner le nécessaire du superflu, la discrétion de la surabondance, le bon goût de l'inconvenance.

Coudre pour soi et les siens, surveiller la cuisine, soigner les enfants et les malades, sont les occupations féminines par excellence, et il serait désirable que toutes les femmes en fussent réellement capables et fussent toutes, à l'exclusion des besognes extérieures, appelées à jouer ce rôle, parce que la vocation naturelle de la femme est la vie domestique. Mais les exigences économiques de la vie moderne, où tout s'achète et se paye, forcent souvent la femme mariée à chercher au dehors un gain qu'elle ne trouve pas facilement dans les seuls travaux ménagers, parce que le gain du mari est trop faible, ou parce que ce mari lui-même, par égoïsme, ce qui n'est pas rare présentement, n'affecte pas tout son salaire aux besoins de la famille. C'est donc quelquefois une nécessité pour la femme d'exercer une profession, de se livrer à un travail directement rémunérateur.

« La principale action de la vie, a dit Pascal, est le choix d'un état. » Par ce mot état, le grand philosophe entendait quelque chose de plus général que l'équivalent de profession ou de métier, mais il n'en est pas moins vrai pour la plupart des gens — et pour beaucoup de femmes — que le choix d'un état est une affaire capitale.

Il faut donc s'appliquer à choisir un métier qui soit un réel gagne-pain, un métier complet, pas trop spécial, ni temporaire ou intermittent. Il faut se défier de ces situations qui vous procurent de fortes journées pendant telle ou telle saison dans les établissements où l'on applique la division du travail, profitable seulement, en réalité, au chef de la maison. Les métiers où la première venue « gagne de suite » sont de véritables guets-apens. Le gain immédiat qui, hélas, demeure longtemps le même, est toujours insuffisant et peut s'appeler « salaire de famine ».

Pour les jeunes filles et pour les femmes qui ont besoin de gagner leur vie, il est nécessaire d'apprendre un métier.

Mais il n'y a plus, à proprement parler, d'apprentissage. On ne connaît plus la maîtresse d'apprentissage, qui devait se conduire en bonne mère de famille envers l'apprentie, surveiller sa conduite et ses mœurs, soit dans la maison, soit au dehors, et avertir ses parents ou leurs représentants de ses fautes graves, de ses maladies, etc.

Autrefois l'apprentie trouvait chez sa patronne une seconde famille. Tout est bien changé maintenant : Les progrès de la mécanique industrielle, la nécessité de produire vite et à bon marché, les vastes maisons commerciales ont amené une telle division du travail que l'apprentissage est devenu presque inutile. D'ailleurs les ouvrières peu éclairées s'abstiennent de former des apprenties dans lesquelles elles voient des concurrentes ; les parents, souvent stupides, veulent exploiter leur enfant en herbe et, au risque de compromettre son avenir, la placent dans une petite maison, où la patronne, aussi peu intelligente que généreuse, l'emploie, pour un salaire dérisoire, à faire des commissions, à balayer l'atelier, à aider quelquefois à la cuisine ou dans le ménage et ne lui apprend pas grand'chose du métier. On sait aussi au prix de quels efforts ce qu'on appelle les « petites mains » peuvent devenir de véritables ouvrières.

On a donc voulu qu'à côté des ateliers de production hâtive, intensive, de lutte contre la concurrence étrangère, il existât une élite d'ouvrières soutenant cette lutte par l'intelligence et l'originalité de la conception et la supériorité de l'exécution.

On a donc créé des écoles professionnelles de jeunes filles dans le but de donner aux futures ouvrières une instruction à la fois scientifique et pratique en même temps qu'on augmentait leurs connaissances générales et leur moralité. L'éducation professionnelle tend à faire des ouvrières instruites, habiles, affranchies de la routine, et honnêtes.

On avait pensé tout d'abord que celles qui viendraient dans une école deux ou trois heures par jour et emploieraient le reste de la journée à l'apprentissage pourraient ainsi compléter leur éducation intellectuelle et morale tout en se préparant sérieusement à une profession. On a essayé des écoles dites de « demi-temps ». Mais on s'est heurté à la mauvaise volonté des patronnes et à l'indifférence des familles. Il était impossible de grouper aux mêmes heures les jeunes filles d'une même profession ou de professions similaires, pour leur donner un enseignement identique qui convînt à toutes.

Ces écoles de demi-temps, que nous avons aussi préconisées ailleurs pour les adolescentes qui restent dans leur famille, avaient déjà été signalées en 1897 à M. le Ministre dans un rapport présenté au Conseil supérieur de l'instruction publique, par M. Bernès, au nom de la Commission de l'enseignement secondaire des jeunes filles.

En effet, dit le rapporteur, tout en manifestant sa préférence pour une combinaison qui laisserait les familles libres de garder la matinée ou l'après-midi leurs enfants auprès d'elles, la Commission s'est ralliée à cette idée que le régime intérieur de nos lycées et collèges doit, avant tout, être adapté à la diversité des convenances locales.

Il a donc fallu créer la vraie école professionnelle. Les tentatives connues d'essai d'écoles professionnelles pour les jeunes garçons remontent au pensionnat de *Saint-Yon* fondé par J.-B. de la Salle (1705), à l'école d'*arboriculture* fondée par Moreau de la Rochette à l'école de *Popincourt*, dirigée successivement par Herbault et par le chevalier Pawlet, et à l'école de *Liancourt* fondée par le duc de La Rochefoucauld.

En ce qui concerne les écoles professionnelles de jeunes filles, les tentatives de fondation sont plus récentes. Il est permis de rappeler qu'en 1848, Mme Bachellery, maîtresse de pension, 52, rue du Rocher, mère de Mme Schéfer, la distinguée inspectrice des écoles professionnelles de la ville de Paris, avait déjà proposé et cherché à réaliser un plan d'école normale professionnelle dans lequel figuraient : *des ateliers pratiques et théoriques destinés au travail attractif faisant naître les vocations ; des ateliers de dessin industriel et agricole ; des ateliers de lingerie, de modes, de broderie, des classes d'études commerciales, une cuisine, une buanderie, des serres, un jardin potager, des ruches d'abeilles, etc.*

A Paris, on peut citer l'*école professionnelle israélite* fondée en 1835 ; les écoles *Elisa Lemonnier*, dont la première ouvrit en 1862.

Présentement les écoles professionnelles se sont multipliées considérablement en France et à l'étranger. Il a suffi de visiter la dernière Exposition de 1900 pour s'en convaincre. Dans toutes les sections, l'enseignement professionnel y était largement et quelquefois luxueusement représenté.

Dans les écoles professionnelles de jeunes filles, on est assez embarrassé pour n'enseigner qu'un seul métier. Il n'y a guère, même dans les grands centres, d'industrie féminine assez importante et assez agglomérée pour donner lieu à une école de profession unique. Il faut généralement installer dans le même établissement plusieurs industries. Pour l'enseignement général, les élèves sont réunies ; pour l'exercice de la profession, elles sont groupées par métiers.

L'organisation de ces écoles professionnelles mixtes est véritablement compliquée et exige un personnel nombreux. Aussi coûtent-elles fort cher d'installation et d'entretien, et c'est le principal reproche qu'on leur adresse.

D'autre part, il est fort difficile de créer des ateliers en rapport avec le nombre des demandes d'inscription dans chaque catégorie et de régler les admissions d'après les désirs des familles de la région. Ainsi, par exemple, à Paris, presque toutes les élèves veulent faire de la couture et elles n'entrent que contraintes dans les sections de broderie, de modes, de fleurs, de confection, etc. Si on suivait à la lettre ces désirs, on s'exposerait à créer dans une localité un nombre considérable de couturières qui se feraient une terrible concurrence et contribueraient ainsi à avilir les salaires ou qui trouveraient difficilement un emploi.

La direction d'une école professionnelle exige de grandes qualités. Depuis qu'après l'abolition du condominium, le ministère du commerce a pris ces écoles sous son entière responsabilité, il a établi des diplômes spéciaux pour les directrices et les professeurs.

Les fonctions de directrice d'école professionnelle sont considérées comme très importantes.

Il faut que la directrice d'une école professionnelle se mette en rapport avec les commerçants et les industriels qui peuvent employer les élèves après leurs études et qu'elle les intéresse à la vie de son établissement; qu'elle soit au courant des modifications du travail, des changements dans la production et la consommation; qu'elle s'occupe de son recrutement auprès des directrices d'école de la région; qu'elle suive pendant quelques années les anciennes élèves, ce qui lui sera facile si elle fonde une amicale.

Il faut encore qu'elle assure l'entente, souvent difficile, entre les différents groupes du personnel (professeurs généraux, professeurs spéciaux, professeurs techniques, maîtresses ouvrières). Cette union dans la collaboration, déjà difficile à obtenir à l'école primaire et à l'école primaire supérieure entre personnes de même origine, de même éducation, qui se proposent le même but, n'existe pas toujours suffisamment dans les écoles professionnelles.

La directrice doit absolument l'imposer et chaque collaboratrice doit faire tous ses efforts pour la réaliser.

Les professeurs techniques n'attachent pas assez d'importance ni à l'éducation morale ni aux études générales, et les institutrices ne dirigent pas assez celles-ci en vue du métier. Les professeurs de dessin doivent, notamment, insister sur les applications pratiques de leur art aux métiers enseignés dans l'école. L'école professionnelle où il n'y a pas cette convergence des vues, des méthodes et des procédés est une école inutile : elle fait vivre un certain nombre de fonctionnaires féminins, mais elle ne sert pas l'apprentissage.

La directrice, avons-nous dit, doit se mettre au courant des modifications du travail. Cette remarque vise aussi les maîtresses techniques. La nécessité où elles sont le plus souvent de donner un enseignement collectif fait qu'elles prennent l'habitude de s'en tenir aux règles classiques de leur métier. L'application de ces règles est précieuse pour les débutantes; mais, vers la fin de ses études, l'apprentie devra rapprocher sa manière de faire de celle des ouvrières auxquelles elle se trouvera mêlée au sortir de l'école. La plupart des maîtresses techniques, après une dizaine d'années d'enseignement dans les écoles professionnelles, sont « rouillées » et sont presque des profanes pour le monde du travail. En vue de remédier à cette sorte d'ankylosement technique, il serait bon que les maîtresses ouvrières allassent de temps en temps se retremper dans un véritable atelier, soit par un séjour hebdomadaire de quelques heures, soit par un séjour moins fréquent mais de plus longue durée. Certaines d'entre elles ont pris la louable habitude de se rendre dans les fêtes publiques, dans les cérémonies mondaines pour y étudier les nouveautés de la mode ou les innovations artistiques.

L'école professionnelle doit avoir beaucoup de souplesse pour s'adapter aux besoins de la région et modifier ses enseignements d'après la variation de ces besoins. Tel enseignement est maintenu dans une école parce que cette école possède un professeur qui en est chargé et qu'on ne peut utiliser ailleurs. Cette adaptation du fonctionnement d'une école aux convenances du personnel peut être un grand danger.

C'est ce que le Ministre du Commerce et de l'Industrie a précisé dans sa circulaire du 22 février 1893, lorsqu'il a dit :

Mais il convient de se préoccuper aussi des besoins du commerce et de l'industrie. Chaque jour la lutte commerciale entre peuples devient plus ardente. L'industrie subit des transformations profondes; il faut que les écoles pratiques (écoles professionnelles) forment des employées et des ouvrières aptes à être immédiatement utilisées au comptoir et à l'atelier.

Certaines écoles libres ont adopté une organisation qui ne manque pas de souplesse. Les directrices s'entendent avec les industriels de la localité, leur demandent des contremaîtresses qu'elles payent et qui servent de professeurs aux élèves. Les objets confectionnés sont ceux mêmes des maisons industrielles auxquelles on s'est adressé et sont écoulés par ces maisons comme leurs propres produits.

Les écoles professionnelles de jeunes filles ont des formes et des destinations excessivement variées. Les établissements agricoles se trouvent nécessairement à la campagne. C'est dans les villes qu'existent les écoles commerciales ou industrielles.

Le métier d'agriculteur n'est plus aujourd'hui ce qu'il était autrefois : la concurrence, les découvertes agronomiques, la transformation de l'outillage, les machines à vapeur, l'amélioration des méthodes de culture exigent des connaissances scientifiques et une certaine instruction technique.

De nombreuses écoles d'agriculture ont été créées en France, mais à l'usage des fils de cultivateurs, et on a fait peu de chose en faveur des jeunes filles de la campagne. On s'est efforcé de souder le jeune homme au sol, et on s'efforce en quelque sorte d'en détacher la jeune fille, détruisant d'une main ce qu'on élève de l'autre. On veut des cultivateurs qui pensent et raisonnent, et on ne leur donne pas les compagnes dignes d'eux, capables de les seconder.

Il existe depuis longtemps dans plusieurs pays d'Europe des écoles spéciales d'agriculture pour filles; plusieurs écoles ménagères agricoles ont été créées en Belgique et en Angleterre[1]. En 1897, un projet d'Institut agricole pour les femmes a été exposé au Ministre de l'Agriculture russe. En Finlande, dans beaucoup d'écoles, les femmes reçoivent un enseignement agricole, mais plus pratique que théorique. En France, il y a peu d'écoles spéciales pour jeunes filles. Citons pourtant l'*École de laiterie* de Coëtlogon dans l'Ille-et-Vilaine et celle de *Kerliver* dans le Finistère. L'école d'*aviculture* de Gambais admet les femmes à suivre les cours donnés aux hommes. Il existe à *Anctoville*, près de Caen, un orphelinat laïque fondé par une personne généreuse, où soixante-dix orphelines normandes sont élevées gratuitement et reçoivent, avec l'instruction primaire, une éducation agricole complète.

Nous avons déjà dit que les institutrices doivent enseigner et faire comprendre aux jeunes filles des campagnes que la vie en plein air constitue la plus heureuse existence

1. Citons l'école spéciale de *Haverlée* (Brabant) et le collège de *Both Road*, fondé récemment par la comtesse de Warwick, exclusivement destinés à l'enseignement agricole féminin.

et que le travail de la terre est noble et fortifiant. Les jeunes gens, trouvant alors à côté d'eux des femmes éprises de la vie champêtre et ayant toutes les qualités pour faire de bonnes fermières, s'attacheront au village natal, et l'on aura ainsi, du même coup, arrêté, dans une certaine mesure, le dépeuplement des campagnes.

Mais ajoutons que ce qui décourage souvent les femmes de la vie rurale, c'est que les hommes se les associent trop pour les travaux pénibles et rebutants au lieu de leur réserver les occupations délicates et notamment celles de l'intérieur de la ferme et du jardin.

Une école professionnelle agricole de jeunes filles doit être convenablement installée, mais sans luxe pourtant, afin de ne pas habituer les élèves à un milieu qu'elles ne retrouveraient plus dans les exploitations privées. Il y faudrait des dortoirs spacieux, chaque élève ayant sa chambre, puisqu'il s'agit de jeunes filles d'un certain âge déjà.

Les cours devraient comprendre des applications d'agriculture pouvant convenir à une femme :

Soins à donner aux animaux de la ferme, le pâturage, la lactation, remèdes à appliquer en cas d'accident avant l'arrivée du vétérinaire, semailles, fourrages, comptabilité; un cours de laiterie, un cours d'hygiène, un cours d'horticulture, un cours d'arboriculture, un cours de floriculture et de floristerie, un cours d'apiculture, etc.

Dans les écoles à caractère commercial, on étudiera surtout la *comptabilité*, les *opérations commerciales*, les *langues étrangères;* on y joindra un enseignement qui est actuellement de plus en plus demandé, celui de la *sténographie* et de la *dactylographie.* Les jeunes filles qui ont fait cet apprentissage spécial trouvent facilement l'emploi de leurs connaissances.

Les écoles à caractère industriel sont assez variées.

Voici l'organisation des écoles publiques de la ville de Paris.

ÉCOLES PROFESSIONNELLES DE JEUNES FILLES A PARIS

Les écoles municipales professionnelles se proposent d'enseigner une profession aux jeunes filles, tout en leur permettant de continuer leurs études générales.

L'enseignement est gratuit. — Les élèves sont externes ; elles entrent à l'école à huit heures et quart du matin et sortent à cinq heures et demie du soir. Elles sont admises à la suite d'un concours.

Les jeunes filles qui désirent prendre part au concours des écoles doivent :

1° Justifier qu'elles sont de nationalité française par la production de pièces (carte d'électeur, livret militaire, certificat de la mairie ou du commissariat de police, etc.), attestant que les parents sont Français ;

2° Etre domiciliées à Paris ou dans le département de la Seine ; (toutefois les jeunes filles dont la famille est domiciliée dans une commune de la banlieue ne peuvent être admises à l'école que si cette commune s'engage à rembourser à la ville de Paris, pour chaque élève, une somme annuelle de 200 francs) ;

3° Etre âgées de treize ans au moins et de quinze ans au plus le 1er juillet (par exception, les jeunes filles pourvues du certificat d'études primaires pourront se présenter au concours d'admission dès l'âge de douze ans) ;

4° Produire un certificat de revaccination n'ayant pas plus de deux années de date.

Les cours des écoles professionnelles sont divisés : 1° en cours généraux ; 2° en cours professionnels répondant à la profession choisie par chacune d'elles et ainsi répartis :

COURS GÉNÉRAUX OBLIGATOIRES POUR TOUTES LES ÉLÈVES

Enseignement primaire. — Notions de comptabilité. — Coupe et couture usuelle. — Dessin. — Economie domestique et enseignement ménager.

COURS PROFESSIONNELS

Ecole professionnelle, rue d'Abbeville, 12.

Couture.
Broderie (costume et ameublement).
Corsets.
Dessin industriel et peinture.
Cours commerciaux (comptabilité, anglais, sténographie, dactylographie).

Ecole Jacquart, rue Bouret, 2.

Couture.
Broderie (costume et ameublement).
Modes et parures.
Corsets.
Gilets, costumes d'enfants, jaquettes de dames.
Fleurs et plumes de fantaisie.
Lingerie.
Chapeaux de paille (couture de chapeaux de paille pour dames, tissage des pailles, fantaisies).

Ecole professionnelle, rue Fondary, 24.

Couture.
Broderie (costume et ameublement).
Robes et parures.
Corsets.
Gilets et costumes d'enfants.
Fleurs.
Lingerie.
Repassage de fin. (Pour le repassage, la durée de l'apprentissage n'est que de deux ans.)

Ecole professionnelle, rue Ganneron, 26.

Couture.
Broderie (costume et ameublement).
Modes et parures.
Fleurs.
Dessin industriel et peinture.
Cours commerciaux (comptabilité, anglais, sténographie, dactylographie).

École professionnelle, rue de Poitou, 7.

Couture.
Broderie (costume et ameublement).
Modes et parures.
Dessin industriel et peinture.
Cours commerciaux (anglais, sténographie, dactylographie).

École Émile Dubois, rue de la Tombe-Issoire, 77.

Couture.
Broderie (costume et ameublement).
Modes et parures.
Corsets.
Gilets et costumes d'enfants.

On sait qu'en vertu d'une loi en date du 5 juillet 1903, l'enseignement professionnel de la dentelle à la main sera organisé dans les écoles primaires de filles des départements où la fabrication est en usage et dans les écoles normales d'institutrices de ces mêmes départements, et qu'il sera créé, dans les principaux centres dentelliers, des cours et des ateliers de perfectionnement ou des écoles propres à développer l'éducation artistique des ouvrières et des dessinateurs.

Le rapporteur de cette loi récente a montré quel important intérêt social et économique il y avait à donner de l'ouvrage aux paysannes. Il a rappelé les efforts faits à l'étranger et surtout en Angleterre pour protéger le travail des femmes de la campagne.

Un décret du 13 janvier 1904 dit que l'enseignement professionnel de la dentelle sera organisé dans les écoles normales d'institutrices du *Puy*, de *Caen*, d'*Alençon*.

Nous allons donc assister à une renaissance de cet art charmant, originaire de Venise, encouragé en France par Colbert, pour lequel la ville de Paris a organisé en 1904, au musée Galliera, une exposition qui a eu un grand succès.

Un genre d'école qui semble devoir prendre une certaine

extension, c'est celui des écoles d'*infirmières*. En effet, il y a des milliers d'institutrices brevetées, souvent diplômées au delà du strict nécessaire, qui ne parviennent pas à gagner leur vie. Tout dérivatif à cette pénible obstruction doit être bien accueilli. Toute nouvelle carrière ouverte aux femmes intelligentes et de bonne volonté leur permettant de gagner leur vie et de développer leurs aptitudes et leurs qualités peut donc être considérée comme remède social et comme une bonne fortune.

Au premier rang, il faut mettre les métiers ou emplois qui ont pour but la guérison ou le soulagement des blessures physiques ou morales de l'humanité moderne.

La femme excelle à panser les plaies, à réconforter les malheureux, à soigner les orphelins, à visiter les nourrissons hors famille. En France, le docteur Bourneville a déjà depuis longtemps créé à la *Salpêtrière* des cours pour les infirmières des hôpitaux, cours qui ont prospéré, et à la suite desquels on délivre des diplômes. Mais l'institution nous vient d'Angleterre, où l'Assistance publique n'avait pas la méfiance de la collaboration féminine et où la femme anglaise n'a pas non plus le préjugé qui fait que tant de Françaises regardent les services hospitaliers comme au-dessous d'elles. Dans certains hôpitaux anglais, on ne reçoit même comme infirmières que des « ladies », des filles de médecins, d'officiers supérieurs, de personnalités littéraires, etc. À Paris, l'institut de la rue *Garancière* a été fondé « pour faire tomber les préjugés des aspirantes aux brevets et aux fonctions pédagogiques, leur faire sentir qu'il y a en dehors de l'enseignement tout un ordre de tâches aussi nobles et aussi dignes de leur ambition. » Rue Garancière, les infirmières font un stage de deux ans en qualité d'internes. Des dames patronnesses exercent sur elles un contrôle hebdomadaire, aux domiciles des malades chez lesquels elles sont envoyées. Rue *Amyot*, il existe une école professionnelle d'assistance aux malades. Les quinze élèves, âgées de 18 à 30 ans, sont très avenantes : vêtues de jolies robes, agrémentées de grands tabliers blancs à bavette, elles donnent envie d'être malade pour être soigné par elles et on prendrait vite, dans ce cas, son parti d'une petite appendicite ou d'une pneumonie bénigne.

« L'infirmière, disent les instructions, copiées sur les instructions anglaises, doit être *sobre*, *honnête*, *véridique*, *loyale*, *ponctuelle*, *calme et ordonnée*, *propre et bien tenue*, *patiente*, *gaie et bienveillante*. » L'idée a été reprise officiellement par le ministre de l'intérieur, qui, à propos de l'application de la loi du 15 juillet 1893 sur l'assistance médicale, disait dans une circulaire de 1902 :

Par une école d'infirmières, j'entends non pas une série de conférences destinées au personnel déjà existant, mais une véritable école ouverte à des élèves désirant prendre la carrière d'infirmière et s'y préparer. C'est bien d'une carrière qu'il s'agit. L'infirmière, telle qu'on doit la concevoir, est absolument différente de la servante employée aux gros ouvrages de cuisine, de nettoyage, etc. Elle est réservée aux soins directs des malades ; c'est la collaboratrice disciplinée, mais intelligente, du médecin et du chirurgien ; en dehors de sa dignité personnelle qu'il est essentiel de sauvegarder, elle doit éprouver une légitime fierté d'un état que relèvent à la fois son caractère philanthropique et son caractère scientifique.

Mentionnons encore que la « Croix rouge française » (*Société de secours aux blessés militaires*) a, depuis six ans, fondé des dispensaires-écoles d'infirmières pour les soins à donner non seulement aux blessés des champs de bataille, mais encore à ceux du travail et de la misère, et pour faire pénétrer, chez tous les malheureux des villes et de la campagne, les règles de l'hygiène et notamment les bienfaits des doctrines pastoriennes. La société compte sur ces nombreuses bachelières ès charité pour secourir les malades et les détourner des charlatans et des rebouteurs.

On a cherché aussi à fonder des écoles dites « de bonnes » en vue de former des domestiques expérimentées. Il n'est que trop vrai, malheureusement, que les bonnes « à tout faire » ne savent rien faire. La plupart arrivent de la campagne, où elles n'ont rien appris du service d'une maison un peu soignée... Les cuisinières, les femmes de chambre ont, en raison d'une certaine préparation, un peu plus d'expérience. Aussi, combien sont à plaindre les familles qui ne peuvent employer qu'une servante ! Et que dire encore de la « bonne d'enfant » qui ne sait pas un mot de la « puériculture ! »

Il s'est créé à Paris quelques « écoles de bonnes » ; mais elles n'ont pas eu beaucoup de succès. Il faut aller à Berlin pour trouver, dans l'Institut *Pestalozzi-Frœbel*, un type d'établissement à imiter. C'est comme une synthèse de toutes les écoles qui relèvent de la pédagogie domestique. On y trouve un *jardin d'enfants* avec ses maîtresses, une école de *cuisine*, de *couture*, etc., un *asile* pour les étrangères, un *pensionnat* pour les demoiselles de la bourgeoisie. Des établissements similaires existent à Londres et à Birmingham.

Le département de la Seine possède à *Izeure* (Allier) une école professionnelle pour ses orphelines. L'organisation des études, dans cet internat, est à peu près la même que celle des écoles professionnelles de Paris, qui sont des externats. Sur les 80 élèves qui, pendant l'année 1903-1904, ont quitté l'école, 38 ont été placées à Paris, comme corsetières 7, couturières 8, lingères 9, brodeuses 7, femmes de chambre 6, cuisinière 1 ; les autres ont été placées en province.

Ajoutons que les écoles d'aveugles et de sourdes-muettes

donnent l'enseignement professionnel dans une très large mesure, et que la plupart des cours publics et surtout des cours des associations libres orientent ou spécialisent leur enseignement en vue de la profession.

Presque partout, à l'étranger, on a créé des écoles professionnelles de jeunes filles. Citons, entre autres, l'école de tissage de *Tavastelus* (Finlande), où l'on travaille à l'éducation morale des filles d'ouvriers tout en les exerçant aux occupations utiles ; les *écoles ouvrières* du Luxembourg ; les *écoles russes*, dues à l'initiative privée, etc.

4. — Ecoles normales.

Depuis que l'école normale supérieure de Fontenay prépare des professeurs pour les écoles normales d'institutrices, celles-ci ont eu, peu à peu, un personnel enseignant d'élite. L'œuvre de Pécaut a porté ses fruits.

Nous examinerons très succinctement plus loin si, au point de vue professionnel, l'organisation des écoles normales ne gagnerait pas à être modifiée.

Dans l'organisation actuelle, l'âme d'une école normale, c'est la Directrice.

La directrice doit avoir de l'autorité : personne, pas même le Ministre, ne peut l'en dispenser. Il ne s'agit pas de l'autorité qui, s'exerçant autrefois comme une sorte d'empire absolu dans la maison, faisait plier tout le monde sous ses ordres. Il s'agit de l'autorité qui s'établit par la supériorité personnelle, de celle qui est faite de supériorité de raison, de caractère, de cœur, de dévouement.

Cette directrice-là donnera un esprit à son école, qui doit être la régulatrice de toutes les écoles primaires du département, et elle sera véritablement la « supérieure » de toutes les institutrices.

Une directrice doit donc s'attacher à gagner la confiance et l'estime des professeurs et des élèves, qui sont ses juges mieux que le recteur et les inspecteurs. Une bonne directrice, sans doute dirigera, c'est-à-dire réglera; mais surtout elle inspirera, communiquera à toutes l'esprit commun. C'est pour cela qu'il lui faut une grande dignité morale, une grande bonté faite de force et de tendresse... et aussi peu d'austérité que possible.

Elle arrivera à créer une vie commune entre elle et les maîtresses de l'école, si, bienveillante sans familiarité, désintéressée de popularité et d'ascendant personnel exclusif, elle se montre satisfaite qu'à côté d'elle, d'autres se fassent aimer et exercent de l'influence. Toutes les maîtresses concourront alors à l'éducation et en revendiqueront les charges et l'honneur.

C'est ainsi que l'école normale pourra être une des forces vives du pays.

Avez-vous réfléchi, disait M. Pécaut aux élèves de Fontenay, que les écoles normales, par leur nombre, pouvaient devenir une des forces vives du pays si elles avaient une âme, un dessein commun, un principe de vie morale et libérale dont vous seriez les organes; une force vive produisant pour le pays des esprits et des caractères capables d'en enfanter d'autres; que chaque école peut être une force vive dans son département, chacune de vous dans son école? Songez à ce qu'est telle personne dans une famille, dans un village. Elle partie, la vie est partie, c'est-à-dire l'énergie, la concorde, le courage, la suite dans les desseins.... De toutes les forces vives qu'un pays peut souhaiter, la vôtre est la principale : créatrice d'esprits, de caractères, de personnalités.

Les études générales sont, dans les écoles normales, fort bien conduites. Les critiques d'inspection générale portent plutôt sur ce que l'on considère encore trop comme accessoire : l'éducation ménagère, manuelle, professionnelle; l'éducation physique, les récréations, etc.

L'institutrice est dans la nécessité, à la campagne comme

à la ville, de faire son ménage, sa cuisine; si elle peut confectionner une grande partie de ses vêtements, cela n'en vaudra que mieux; il est nécessaire qu'elle jouisse d'une bonne santé; enfin elle doit connaître son métier d'institutrice.

L'école normale n'ignorera pas toutes ces nécessités et elle y pourvoira.

Je voudrais, dit M. Jacoulet, que les élèves, au lieu d'être envoyées à la cuisine commune, où elles voient faire des plats énormes et parfois compliqués qu'elles ne feront jamais pour leur usage particulier, fussent exercées à l'emploi des fourneaux d'un ménage ordinaire, du simple fourneau à pétrole même, et que, sous la direction de l'économe, elles apprissent à cuisiner les cinq ou six plats, tôt faits, dont se composera plus tard leur ordinaire.

La santé, la bonne humeur, sont des biens précieux dans toutes les conditions de la vie. On les obtiendra par la variété des travaux extérieurs à la classe : le jardinage, le travail manuel, les exercices de gymnastique, même ceux des agrès s'ils sont modérés, la danse, le chant, la musique, les exercices dits callisthéniques, le dessin, la peinture, la photographie.

Des novateurs hardis proposent même d'ouvrir largement l'école normale de jeunes filles aux personnes du dehors, d'y organiser des réceptions, des fêtes, des conférences, même des bals, pas des bals blancs, de vrais bals. C'est peut-être aller vite et loin.

Qu'on y amène des conférenciers, qu'on y introduise des dames patronnesses, que les élèves-maîtresses y organisent des concerts, de petites fêtes, cela nous paraît nécessaire pour que l'école normale ne ressemble pas trop à un cloître; mais nous ne pensons pas qu'il faille disperser l'esprit des jeunes filles sur trop de choses extérieures à leurs études professionnelles, ni leur donner des goûts de mondanité.

L'école normale actuelle est un internat et, tant qu'elle restera internat, elle devra s'attacher à rester simple et discrète. Il faut qu'elle soit un asile de paix pour les élèves-maîtresses qui sont sous la responsabilité directe de la directrice et des professeurs.

Ah ! il en serait autrement, si l'école normale, comme ce serait désirable, était un externat. Les élèves y suivraient leurs cours, s'y exerceraient aux travaux pédagogiques, théoriques et pratiques, etc., mais vivraient en réalité dans leurs familles, chez des parents, des amis, ou d'autres personnes recommandables. Dans ces conditions, l'école normale pourrait plus librement organiser des réunions comme celles que la future institutrice pourra être appelée plus tard à organiser elle-même ou auxquelles elle devra simplement assister.

Cette transformation des écoles normales en externat, avec une durée d'études de un an ou de deux ans au plus, s'imposera dans l'avenir, si l'on veut que tout le personnel des écoles publiques passe par ces écoles normales. En effet, l'instruction peut être donnée dans n'importe quel établissement, et à l'école normale on ne devrait s'occuper que des méthodes et des procédés d'enseignement et de l'esprit qui doit animer les futures maîtresses.

L'externat a fait ses preuves à Stockholm et à Madrid, c'est-à-dire au nord et au midi. Il peut faire les siennes en France, où il serait accepté et où il rendrait plus de services que l'internat, parce qu'il permettrait d'établir l'unité de l'éducation professionnelle de toutes les institutrices publiques.

On sait que le Ministre actuel de l'Instruction publique, M. Chaumié, a l'intention de saisir les Chambres d'un projet de loi qui remplace les deux brevets par un unique *Certificat d'aptitude à l'enseignement primaire élémentaire* et, pour les institutrices publiques, par un *Certificat normal d'aptitude pédagogique*, obtenu après avoir suivi au moins les cours de la troisième année de l'école normale. Ce projet implique l'extension du nombre des élèves-maîtresses et l'application à plusieurs d'entre elles du régime de l'externat (1904).

5. — Internat.

Une foule de jeunes filles vivant ensemble et se mouvant du matin au soir comme un troupeau au son d'une cloche, sous la surveillance alternative de quelques maîtresses, passant du dortoir dans une salle d'études, d'une salle d'études au réfectoire, du réfectoire dans un jardin et recommençant invariablement plusieurs fois par jour, tous les jours, et pendant plusieurs années, cette série d'exercices monotones, est-ce là réellement une maison d'éducation?

Et pourtant combien de pensionnats ne s'écartent guère de cette sainte routine !

L'internat est un mal nécessaire; mais c'est surtout un mal pour la jeune fille. Garçons et filles ont besoin, dans le jeune âge, des soins maternels. En grandissant, le garçon, à la rigueur, peut arriver à s'en passer; mais, pour la jeune fille, les soins et les directions de la mère sont peut-être plus nécessaires pendant l'adolescence que pendant l'enfance.

Déjà Fénelon avait dit : « J'estime fort l'éducation des bons couvents; mais je compte encore plus sur celle d'une bonne mère, quand elle est libre de s'y appliquer. »

En effet, toute mère qui peut faire l'éducation de sa fille n'a pas le droit de se dérober à cette tâche. Il y a mille choses qu'elle seule peut lui apprendre, comme il y a mille choses dont elle seule peut, sans effort et sans affectation, lui épargner la révélation prématurée.

L'internat, à proprement parler, ne fait pas d'éducation. Il applique à toutes, indistinctement, les mêmes règles de conduite... De sorte que lorsqu'une jeune fille quitte, à dix-sept ou dix-huit ans, le pensionnat où elle a été élevée, on ne sait absolument rien d'elle, sinon qu'elle doit avoir peu de défauts et peu de qualités... Ce n'est pas assez de garantie pour l'homme à qui on la mariera le plus tôt possible.

Malheureusement, il y a des filles qui n'ont plus de mère, et des mères qui sont dans l'impossibilité de s'occuper de leurs filles. Il y a aussi l'éloignement de l'école, du lycée, qui force les familles désireuses de donner une certaine instruction à leurs enfants, à placer celles-ci dans des internats.

Lorsque l'internat sera indispensable, il devra chercher à s'organiser comme une véritable famille, surtout si l'établissement auquel il est incorporé ne reçoit pas d'élèves externes. En effet, n'ayant pas à se préoccuper des élèves venant du dehors, on n'est plus tenu aux deux classes habituelles du matin et du soir. On peut donc se rapprocher des éducations particulières.

Un internat de jeunes filles doit être spacieux et parfaitement aménagé... Les adolescentes doivent avoir chacune leur chambre à coucher ou, ce qui est plus simple, un des compartiments du dortoir divisé par de légères cloisons ou par des rideaux. Il faut qu'elles puissent faire tranquillement et complètement leur toilette.

La toilette matinale, pour les petites comme pour les grandes, ne doit pas être précipitée... Il faut donner aux pensionnaires tout le temps nécessaire pour se rendre nettes, se parer convenablement et éclaircir leurs idées avant de descendre au réfectoire pour y prendre le premier déjeuner... Que de femmes, de toutes conditions sociales, traînent en robe de chambre ou en jupon, les cheveux en désordre, jusqu'à midi ! Le négligé chez la femme est l'indice de la paresse ou de l'insouciance. Habituons les jeunes filles à être « prêtes » de bonne heure.

Après le déjeuner, une classe d'une heure, puis une récréation ; ensuite une classe d'une heure, suivie d'une nouvelle récréation précédant le déjeuner de midi.

On peut ainsi faire beaucoup en une heure de travail intensif, répétée deux fois dans la matinée.

Nous pensons que les deux principaux repas doivent être pris tranquillement, sans précipitation. En général, on mange trop vite dans les pensionnats. La règle du silence ne doit pas y être imposée, parce qu'il n'est pas inconvenant, ni contraire à l'hygiène de parler à table.

L'après-midi comprendra des classes d'une heure, et il serait sage d'en ménager une partie comme temps libre à utiliser, selon ses convenances, pour la lecture, la couture, les arts d'agrément, etc...

Le dernier repas pourra être suivi d'une étude dirigée, ou d'une étude libre, ou quelquefois d'une soirée utile ou divertissante, qui donne la sensation de la vraie soirée de famille.

Il y aurait peut-être lieu, avant de se coucher (qu'il y ait prière ou non) d'organiser une sorte de courte méditation en commun, résumant les faits ou un fait de la journée ou ayant trait à ce qui est annoncé pour le lendemain. Une directrice de pension qui profiterait de ce moment pour suggérer d'utiles réflexions à ses élèves exercerait peut-être une grande influence. Il est si salutaire, si moral de s'endormir sur une bonne pensée.

Les pensionnats privés de jeunes filles peuvent s'établir conformément à des règles connues et rappelées notamment dans le chapitre II du Décret organique. Ceux annexés aux écoles publiques (écoles primaires et écoles primaires supérieures) sont soumis à des règles plus étroites, et leur établissement exige un avis du conseil municipal, ce qui est naturel, puisque le local appartient à la commune.

Mais les besoins des populations rurales ont inspiré un projet de loi qui faciliterait l'établissement d'internats dans les écoles publiques de la campagne... « Dans certaines régions, les jeunes filles ont, par tous les temps et toutes les saisons, à parcourir plusieurs kilomètres pour se rendre à la maison d'école... On s'adresse alors à l'institutrice qui répond qu'elle n'est pas autorisée à recevoir des pensionnaires. Le projet a pour but de provoquer, ce qui vaut mieux que d'encourager, l'installation de pensionnats dans les écoles publiques. Les institutrices auraient ainsi autour d'elles une véritable famille et l'occasion toute naturelle de dépenser les trésors d'affection qu'elles ont au fond du cœur.

6. — Institutions, cours, collèges, etc.

Au-dessus et souvent à côté de l'école primaire si fortement organisée, se sont fondés, surtout dans les villes, depuis longtemps déjà, des institutions, des cours privés, et, depuis vingt ans, des collèges, des lycées, qui reçoivent plus particulièrement les jeunes filles de la bourgeoisie.

Les collèges, les lycées, les cours secondaires, qui appartiennent aussi à l'enseignement public, possèdent également une forte organisation, qui est à la fois une garantie et une aide pour les familles à cause des programmes bien déterminés, des emplois du temps scrupuleusement suivis et d'une fréquentation régulière obligatoire.

Nous connaissons, à Paris, des établissements privés comme le *collège Sévigné*, l'*Institut de la rue Jacob*, le *cours Maintenon*, et d'autres, qui rivalisent, sur ce point, avec les établissements publics.

Mais, en général, dans les écoles privées, on se soumet trop aux exigences et aux caprices des familles ; on accepte trop volontiers les excuses relatives à des manquements de toutes sortes. Il en résulte un laisser-aller, un décousu dont on redoute la constatation officielle par l'inspection ou la surveillance des fonctionnaires de l'Etat, qui alors semblent être des gêneurs plutôt que des protecteurs.

Et pourtant ces cours privés, qui ont plus de souplesse, plus d'initiative que les écoles publiques, pourraient rendre de réels services, s'ils s'attachaient à suivre des règles après les avoir fait accepter par leur clientèle.

Il y a de ces cours qui reçoivent les élèves deux ou trois heures par jour ou même certains jours de la semaine seulement ou encore pour certains enseignements. C'est là une facilité d'adaptation aux besoins et aux habitudes des familles, qui est réellement importante, précieuse pour les cas de faiblesse de constitution, par exemple, qu'il conviendrait de ne pas gêner et que d'ailleurs ne peuvent avoir les écoles publiques.

7. — Cours d'adolescentes et d'adultes.

On sait ce que, depuis 1871, il a été fait de sacrifices pour le développement et le perfectionnement de l'école primaire. Tout a été créé ou recréé : bâtiments, matériel, personnel, méthodes. Dans cette période de rénovation, une grande partie de ces sacrifices a été consentie en vue des écoles spéciales de filles. En ce qui concerne le grand mouvement des œuvres post-scolaires, il n'en a pas été tout à fait de même. Les efforts se sont portés plutôt sur les jeunes gens que sur les jeunes filles, et cela se comprend. Dans une démocratie, où chaque citoyen a sa part de responsabilité, il fallait d'abord former le citoyen et armer pour la production le futur producteur, c'est-à-dire l'adolescent. Pourtant les jeunes filles n'ont pas été oubliées, et il suffit de parcourir les derniers rapports annuels de M. l'inspecteur général Edouard Petit, pour être convaincu que les institutrices, dans beaucoup de régions, ont suivi l'exemple de leurs collègues masculins. Toutefois on s'explique que les familles mettent une certaine discrétion à laisser leurs jeunes filles fréquenter les cours du soir. Les cours du jeudi, ceux du dimanche, les réunions des amicales ont beaucoup plus de succès.

Les cours du soir proprement dits, lorsqu'ils sont publics, sont généralement spéciaux aux filles, et ce caractère convient mieux aux familles.

Dans beaucoup de cours créés par les différentes associations, on préfère le mode mixte, qui amène, au début de la saison hivernale, beaucoup d'élèves : mais ces élèves ne persistent pas jusqu'à la fin des cours. Les cours spéciaux, surtout ceux qui ont un caractère professionnel, ont des auditrices beaucoup plus assidues.

Il faut que, dans les cours d'adolescentes et d'adultes, on n'oublie pas qu'on ne s'adresse plus aux jeunes enfants de la classe du jour. On y adoptera d'autres procédés. On s'attachera à développer le sens pratique, à enseigner des choses utiles, à fortifier le raisonnement. Il y a des procédés enfantins, des exercices puérils, excellents à l'école du jour, qu'il faut proscrire de l'école du soir.

Il va sans dire que c'est surtout là, qu'il faut instruire d'une façon définitive la future ménagère, la future épouse, la future mère de famille.

Voici, par exemple, un programme extrait du bulletin pédagogique de la Loire-Inférieure et recommandé par M. l'inspecteur primaire Dolidon.

A) *Français et Écriture.* — Conseils pour la rédaction d'une lettre, pour la bonne disposition du texte et de l'adresse. Copie et rédaction de lettres diverses.

B) *Calcul.* — Exercices pratiques se rapportant aux connaissances nécessaires à l'ouvrière et à la ménagère.

C) *Économie domestique.* — Causeries sur l'économie domestique et l'hygiène, y compris les soins à donner aux enfants et aux malades (s'inspirer des indications reçues pour la classe du jour et faire quelques-uns des exercices pratiques recommandés). — Couture : coupe et confection.

D) *Dessin.* — Reproduction de patrons de vêtements ou de motifs d'ornement.

E) *Comptabilité.* — Notions de comptabilité ménagère et de comptabilité commerciale (partie simple).

F) *Connaissances usuelles* : 1° sur le service des postes et des télégraphes (correspondances ordinaires, correspondances chargées ou recommandées, mandats, colis postaux, caisse nationale d'épargne, caisse de retraite pour la vieillesse); 2° sur le service des chemins de fer (expéditions, bagages, billets, indicateur, etc.).

G) *Éducation morale.* — Causeries et lectures commentées : 1° sur la dignité humaine et les moyens de la conserver (respect de soi, bonne tenue, travail, tempérance, économie, épargne, association et mutualité); 2° sur le respect des opinions et de la liberté d'autrui, la politesse, la complaisance, la charité; 3° sur les devoirs de la jeune fille et de la femme dans la famille;

H) *Lectures récréatives, jeux, chants, promenades, fêtes scolaires.*

Nous sommes sûr que nos lectrices sauront adapter et développer ce programme dans le milieu où elles se trouvent.

Dans les grands centres, après l'instruction générale que l'on peut donner aux jeunes filles, c'est l'enseignement commercial qui est le plus recherché. A Paris, cet enseignement a été fondé et admirablement organisé par Mlle *Malmanche*. L'enseignement complet, dans son organisation actuelle, comprend deux degrés : degré *élémentaire*, degré *supérieur*.

Au degré *élémentaire* sont enseignés : l'*écriture*, l'*arithmétique pratique*, la *tenue des livres*, la *langue française*, la *géographie de la France* et les *langues vivantes*. Au degré *supérieur* : l'*arithmétique commerciale*, la *comptabilité*, la *langue française*, la *géographie économique du monde entier* moins la France, la *législation*, l'*économie politique* et les *langues vivantes*. On y joint présentement la *sténographie* et la *dactylographie*.

Dans les cours élémentaires, on forme des employées pour le commerce. Dans toutes les sections parisiennes, les méthodes et les procédés sont uniformes, ce qui permet aux élèves obligées de changer de résidence, de se présenter dans la section de leur nouvel arrondissement sans avoir à redouter de perte de temps.

Les cours supérieurs n'existent que là où ils sont nécessaires. Celui du troisième arrondissement (rue Volta) est une sorte de cours normal où se forme en partie le personnel de l'enseignement commercial féminin du soir. Dans ces cours, l'enseignement des langues étrangères prend naturellement une grande importance.

Au terme des études du cours élémentaire et du cours supérieur sont délivrés, après un examen très sérieux, des *certificats d'études commerciales* du premier et du second degré. Mais ce qui est particulièrement à noter, c'est que l'inspectrice ne se contente pas seulement d'organiser et d'inspecter ces cours, elle reçoit encore les demandes d'emploi des négociants et des directeurs des grandes maisons de commerce, traite souvent avec eux, et leur envoie des élèves qu'elle connaît et qu'elle peut sûrement recommander. Elle considère même que c'est là la plus délicate de ses fonctions, mais non la moins épineuse, car on pourrait, en dépouillant une certaine correspondance privée, trouver des renseignements d'ordre intime établissant qu'une véritable mère de famille ne ferait certainement pas davantage pour les siens.

Les principales écoles professionnelles de Paris ont

organisé, dans l'établissement même, des cours du soir tendant à suppléer à leur enseignement du jour ou à le perfectionner. Mais, en ce qui concerne l'organisation professionnelle dans les cours du soir, il y a lieu de reconnaître que, jusqu'à ce jour, ce sont les associations libres qui ont fait preuve de plus d'initiative et de plus de persévérance dans le but poursuivi.

L'*Association philotechnique*, entre autres, dont nous avons suivi depuis quelques années les travaux de plusieurs sections, a véritablement montré à cet égard beaucoup de souplesse, de sens pratique et beaucoup d'activité.

La section *Victor Cousin*, dès 1875, était suivie par des couturières, des dentellières, des repriseuses de châles ; en 1880, la section du *Temple*, destinée aux infirmières et aux gardes-malades, enseignait spécialement l'hygiène, la médecine usuelle, la botanique, la petite chirurgie ; en 1889, la section *Edgar Quinet* avait un auditoire composé en majeure partie d'institutrices.

En 1904, la section du *boulevard du Montparnasse*, 80, où 10 professeurs femmes enseignent, avait créé, entre autres cours, des cours de *coupe et d'assemblage*, des cours de *modes*, des cours de *dessin*, *aquarelle*, *gouache*, *pyrogravure*, des cours de *peinture sur faïence et sur porcelaine*, *miniature*, qui ont été fréquentés par plus de cent femmes ou jeunes filles.

A l'étranger, les œuvres post-scolaires commencent à se propager comme en France. C'est ainsi qu'à l'Exposition de 1900, on remarquait les envois de quatre écoles du *dimanche* et de quelques-uns des 160 cours d'*adultes* de filles du duché de Luxembourg ; — quelques spécimens des travaux des écoles du soir et du dimanche (*serali* et *festive*) d'Italie, — et une notice sur les écoles du dimanche fondées en *Russie* en 1860 par l'initiative privée : ces dernières écoles, un instant compromises par le zèle maladroit de quelques-uns des philanthropes qui les fondèrent, ont pris un nouvel essor par une direction plus sage et plus mesurée. A Kharkof, une femme de bien, Mme Altchevsky, a joué un grand rôle dans la création et le développement des écoles du dimanche.

8. — Examens.

Les examens! c'est ainsi qu'en parlait un jour un rédacteur de la « *Revue Bleue* », à propos des examens de Paris.

Oh! les examens, il faut les détester, les haïr, pour tout le mal qu'ils font, pour toutes ces vies compromises, ou suspendues à un méchant bout de parchemin délivré par de braves gens, sans doute, instruits, c'est sûr, mais avec l'indifférence inconsciente de l'habitude. Ah! cela vous fatigue, l'énumération des examens; elle est plus longue encore. Examen de diction, examen de coupe, examen de gymnastique, examens de sortie, d'entrée dans les diverses classes, examen de chant, examen d'école normale, où trois cents apirantes concourent pour vingt-cinq places. J'en oublie par dizaines.

Vous remarquerez, encore une fois, qu'à ce régime de surmenage et d'émotions la santé ne s'améliore pas, le nervosisme est aigu; le cerveau est maintenant rempli, bourré de petits caractères noirs qui sont des lettres d'imprimerie; il y en a des milliers, gravées tout fraîchement. D'images, point. Tout est de seconde main. — D'idées moins encore : on n'a pas le temps.

De bons esprits pensent de même que les examens font plus de mal que de bien.

Il n'est pas d'école, d'institution, de pensionnat, de lycée de jeunes filles qui ne fasse envisager à ses élèves que la conquête d'un diplôme est la plus noble des conquêtes.

La poursuite des brevets de capacité d'enseignement primaire est devenue notamment une véritable plaie scolaire!

Ce pauvre brevet élémentaire, qu'on obtient souvent

dans sa quinzième année, à un âge où on a encore peu de maturité, que d'adolescentes il a détournées d'études plus appropriées aux besoins d'une culture générale et d'un enseignement professionnel ! Que de jeunes filles il a trompées et jetées dans une voie sans issue !

Ce sont, pour la plupart, des brevetées aigries par une longue expectative qui ont mené la campagne féministe, nous voulons dire la mauvaise, car il y en a une bonne, qui est conduite précisément par les femmes qui ont une haute situation dans l'Université.

C'est par les brevets, presque identiques pour les deux sexes, que les femmes ont été amenées à croire qu'elles pouvaient, comme productrices, rendre les mêmes services que les hommes et se sont ainsi éloignées de leurs fonctions naturelles. Aussi beaucoup de bons sociologues pensent que, s'il faut instruire largement et fortement les femmes, il convient de ne leur délivrer aucun diplôme.

Nous ne sommes pas éloigné de penser de même, excepté, bien entendu, pour les diplômes professionnels auxquels il faudrait donner un caractère exclusivement professionnel.

« La femme capable de donner de beaux enfants, dit M. Alfred Fouillée, fait plus pour l'humanité que celle qui a subi les examens du baccalauréat ès sciences, car c'est la santé et la moralité qui importent le plus à la race. »

Mais tant qu'il y aura des études, il y aura des examens. Les examens faits dans l'établissement comme inventaire de ce qui a été étudié et comme stimulant des études, sont utiles, indispensables même. Il est bon de s'arrêter de temps en temps, de s'examiner, de se faire examiner, afin de voir où l'on est arrivé... Ce sont les examens publics, ceux qui, malheureusement, servent de base aux études, qui s'appuient sur des programmes trop généraux, et à la suite desquels on délivre des titres, qui sont dangereux ou qui menacent de le devenir. Les examens devraient être les régulateurs des études, au lieu d'en être le but et de forcer les maîtresses à enseigner des choses inutiles aux jeunes filles et sans aucun profit pour leur éducation personnelle.

9. — Amicales.

Une des meilleures formes des œuvres post-scolaires est l'association amicale des anciennes élèves.

Les réunions de jeunes filles sont absolument indispensables pour donner à la femme une véritable éducation morale et sociale, car l'isolement auquel elle est souvent condamnée la prédispose trop à l'indifférence ou à la rêverie mystique. Entre la famille, premier groupement social, et le grand groupement de la cité, se place naturellement le groupement scolaire, dont l'action se prolonge ainsi à l'époque de l'adolescence. Nous l'avons déjà dit, la femme comme l'homme, plus que l'homme peut-être, puisqu'elle doit être l'éducatrice de l'enfant, a besoin d'être initiée aux nombreux et troublants problèmes de la vie collective.

Les réunions de jeunes filles s'ajoutent aux cours proprement dits, les complètent, les fortifient et étendent leur action; mais elles ont quelque chose de plus intime, de plus familial et surtout de plus pratique.

Les réunions doivent plutôt prendre le caractère d'une véritable amicale.

La réunion, en effet, dit M. Edouard Petit, se forme et se désagrège chaque année. L'association, grâce aux statuts, a ce caractère de pérennité qu'il convient d'assurer aux œuvres. La réunion repose tout entière sur l'institutrice. L'association, qui a un comité, un bureau, intéresse à son existence, à ses progrès des jeunes filles, des jeunes femmes qui, peu à peu, prennent goût à leurs fonctions, se groupent étroitement autour de l'école, trouvent un aliment à leur besoin de dévouement utile. Elle a un budget, si minime soit-il, une caisse autour de laquelle on veille. Elle invite à l'action jeune, vivante. Maintenant que la déclaration suffit (loi sur les associations) pour la constitution d'une Petite A et que sont tombées les formalités décourageant tant de bonnes volontés, le moment est venu de transformer pratiquement les réunions en associations.

D'ailleurs ces réunions se multiplient. On peut lire fréquemment, dans le Bulletin du Ministère de l'Instruction publique, aux communications relatives aux œuvres post-scolaires, des renseignements comme ceux-ci :

Il y a en outre, le dimanche et le jeudi, de nombreuses réunions de jeunes filles (Loire)... Une maîtresse a pris comme sujet de ses leçons « la femme auprès des malades » (Indre-et-Loire)... Le nombre de réunions de jeunes filles s'est augmenté de 12 (Indre). Les réunions de jeunes filles se multiplient à Saint-B... des jeunes femmes et des jeunes filles ont fondé un ouvroir pour habiller les enfants pauvres, etc.

Dans les Amicales, on se réunit généralement une ou plusieurs fois par mois, le jeudi ou plus souvent le dimanche l'après-midi. Beaucoup de directrices d'école désirent que les réunions ne soient pas trop fréquentes, pour ne pas enlever trop souvent la jeune fille à sa famille. En effet, le dimanche, pour la plupart des jeunes ouvrières, est le seul jour où elles peuvent former et réparer leur trousseau, mettre en ordre leurs vêtements, prendre certains soins corporels et même rendre de sérieux services aux parents.

Quel que soit le genre de périodicité des réunions, ces réunions doivent être attrayantes. Il faut que l'Amicale inspire la confiance, il faut, comme l'indique son nom, qu'elle soit une « amitié ». L'école prolongée sera donc une seconde maison familiale, celle qui est, celle qui doit être la plus aimée après la maison paternelle. L'adolescente y retrouvera des physionomies et des choses connues, qui rafraîchiront ses souvenirs, ses bons souvenirs d'enfance joyeuse ou laborieuse. Ce sera encore un « chez soi », mais plus grand que l'autre, le foyer domestique.

Point de difficultés en ce qui concerne le côté sérieux de l'institution. Les lectures, les conférences, les travaux pratiques seront toujours parfaitement choisis et dirigés. L'écueil est dans les amusements qu'on est tenu d'offrir aux jeunes sociétaires.

Savoir s'amuser gentiment, au sens noble et gracieux du mot, n'est pas toujours chose facile. Et pourtant, un vieux précepte d'hygiène morale nous recommande « de nous tenir en joie, en bonne humeur », et le conseil, par ce temps d'anémies diverses, du corps et du cœur, n'est pas inopportun. Les réunions des jeunes filles seront donc gaies mais sans vulgarité, aimables mais sans prétention ni frivolité. Point de dangers pour les jeux traditionnels : balles, raquettes, grâces, les petits goûters, etc. Les choses commencent à devenir difficiles quand on aborde ce qu'on peut appeler les extras : danses, fêtes, excursions, etc.

Sans être ennemi de la danse, on peut se demander si l'école doit favoriser cet art. Sans doute la danse, surtout la danse en plein air, est un divertissement physique très vif et très salutaire. Mais il faut remarquer qu'on ne danse généralement que dans un salon privé ou dans un bal de société ou dans un bal public. Si une Amicale devait faciliter à quelques-unes de ses adhérentes l'entrée d'un bal public, il vaudrait mieux que cette Amicale ne se fût jamais formée. D'ailleurs les jeunes filles n'ont pas besoin d'être engagées à assister aux réunions dansantes, pour lesquelles il faut avoir une toilette spéciale et coûteuse. L'amour des plaisirs mondains cause la ruine des ménages, petits ou grands. La jeune fille, la jeune femme qui aime à se parer, qui aime à aller fréquemment en soirée, nuit à sa santé, se dérobe aux devoirs domestiques et gaspille les ressources de la famille. Il faut donner aux filles du peuple, comme aux filles de la bourgeoisie d'ailleurs, des goûts simples et sérieux.

Rappelons-nous encore que dans notre système d'éducation nous élevons séparément nos garçons et nos filles. Aussi n'est-ce pas une imprudence, alors que les premiers ont de vingt à vingt-quatre ans et les autres de seize à vingt, de faire communiquer brusquement les deux compartiments jusque-là étanches, et d'autoriser, aux sons d'une musique enivrante, et dans le tournoiement d'une valse étourdissante, l'aparté et le corps à corps. Hier, à la même heure, c'était la froide couchette de la chambre : aujourd'hui, c'est l'étreinte du bras masculin ; ce sont les propos admirateurs, qui deviennent quelquefois de lestes propos. Avouons que l'on peut avoir à redouter l'affolement d'une jeune nature élevée jusqu'alors dans le calme des sens et dans la tranquillité de l'esprit.

En ce qui concerne les fêtes, deux cas peuvent se présenter : il y a celles qui sont exclusivement organisées par des institutrices et les sociétaires, et celles qui sont organisées avec le concours d'amateurs ou d'artistes. Pour les premières, la directrice de l'école est plus à l'aise ; mais, si elle a plus de liberté, elle a aussi plus de responsabilité, et il lui faut faire œuvre de goût, d'autorité affectueuse et ferme. La coquetterie féminine naissante a de singulières hardiesses. Ces jeunes filles, hier encore des écolières, des gamines, aux gestes brusques et gauches, sont devenues, au premier contact d'une vie plus libre, de petites demoiselles, de jeunes personnes cherchant déjà à produire leur petit effet. Il s'en trouvera qui révéleront tout de suite un goût impérieux pour l'exhibition et le besoin de se faire applaudir en public. C'est le rôle des institutrices de refréner ces premières vanités et de donner le ton juste des divertissements scéniques pour la toilette, la coiffure, les manières, la voix, les regards même.

Lorsqu'on fait appel aux artistes pour l'organisation d'une fête, il faut être encore plus attentive.

Il faudra se défier des morceaux dits « spirituels », mais souvent à plaisanterie équivoque, quand ils ne sont pas grossiers, et se défier aussi des romances ou chansons sentimentales, dans lesquelles on fait roucouler niaisement les jeunes sociétaires. Il faudra demander aux amateurs bénévoles de ne pas donner à nos pupilles, et sous notre approbation tacite, l'exemple d'habitudes mondaines, de décolletage, de toilettes brillantes, qui n'ont pas leur place dans ce milieu spécial.

Il faudrait encore éviter dans ces représentations théâtrales que les sociétaires, artistes improvisées, prissent la passion des planches, le goût du cabotinage; il serait bon qu'on leur fît entrevoir que, si les artistes ont de grandes jouissances publiques, elles ont de grandes misères privées. C'est pourquoi on ne s'explique pas que la fille de bourgeois aisés dédaigne souvent le calme de la vie de famille pour vouloir briller, plaire et charmer en public.

« Nos rancœurs, disait un jour une actrice, nos dégoûts, nos tristesses, une fois le rideau baissé, le spectateur les ignore. Il ne pense pas que l'artiste qui riait devant lui pimpante dans sa robe, jolie sous son fard, a pu pleurer l'instant même avant d'entrer en scène, en butte aux jalousies de ses camarades ou aux injustices de son directeur; il ne se dit pas que ce rôle, où il nous admire et nous applaudit, nous l'avons quelquefois disputé jusqu'à la dernière minute à l'auteur qui voulait imposer une autre interprète, ou à une camarade plus intrigante que nous. On ne voit que le côté rose et attrayant du métier, dont on ignore les difficultés et la fatigue. On ne sait pas que nous restons en répétition « sur le plateau » de midi à six heures, pour jouer deux heures plus tard jusqu'à une heure du matin, sans compter notre intervention dans les réceptions mondaines ou dans les concerts de charité. »

Les excursions, qui sont si utiles à la santé et à la gaîté des jeunes filles des Amicales, ont besoin d'être conduites avec prudence. On a pu voir, bien des fois le dimanche, pendant la bonne saison, des jeunes filles en troupes, prendre d'assaut des trains ou des voitures les conduisant de la ville à la campagne. Ce ne sont que rires bruyants, babils charmants, étourderies et espiègleries plus ou moins agréables : c'est la joie, c'est la jeunesse qui part.

Prenons garde que, quelques instants après, les cris deviennent trop aigus, les rires trop hauts, que la ruche devienne trop bourdonnante : prenons garde que le soleil et le grand air étourdissent les têtes. Les directrices d'excursions ne doivent certes pas exiger les chapeaux à brides, les robes gros bleu ni les yeux baissés des adeptes de l'Armée du salut, mais si les Amicales ne doivent pas être le « monde où l'on s'ennuie », elles ne doivent pas être davantage le « monde où l'on s'amuse ». Elles ne seront pas seulement des associations de plaisir, des entreprises de joie, des caravanes Cook à l'usage des jeunes filles de la classe laborieuse.

On n'oubliera jamais que les excursions des Amicales font partie d'un système d'éducation, et que, si l'éducation extérieure ne suffit pas, elle est nécessaire. L'habitude de la politesse extérieure, de la tenue a sur l'âme la plus salutaire influence, et les familles s'éloigneraient de l'école laïque si nous voulions leur prendre leurs jeunes filles pour en faire des snobinettes aux allures négligées ou impertinentes.

Dans les sorties, dans les promenades, on s'exercera à la civilité et on recherchera à détruire les influences souvent pernicieuses de l'atelier et de la rue.

A côté des Amicales on a souvent organisé des Patronages ou œuvres similaires qui s'adressent aux jeunes filles d'âge scolaire et très souvent aux adolescentes. Ce sont des œuvres à la fois circum et post-scolaires; elles sont nombreuses et variées.

Il serait véritablement désirable que, dans chaque école de filles, il s'établit un comité de protection, formé de délégués cantonaux, de membres de la caisse des écoles, de la commission scolaire et du bureau de bienfaisance, de quelques pères ou quelques mères de famille et de personnes notables. Nous avons ouï dire, qu'en Amérique, pays des innovations par excellence, on a imaginé des clubs de mères de famille qui, prenant la protection de l'éducation dès l'école maternelle, s'emploient à aider les institutrices à côté de l'école et après l'école.

Le comité dont nous désirerions la formation viendrait en aide moralement et matériellement aux élèves et aux anciennes élèves. Ces œuvres d'assistance morale et matérielle, avons-nous dit, se sont répandues sur notre territoire avec des aspects différents. Voici des renseignements relatifs à quelques-unes d'entre elles.

Œuvre du trousseau. — L'Œuvre du trousseau a été fondée par Mme Béguin, directrice de l'école de la rue Riblette, dans l'un des quartiers les plus pauvres de Paris. Pour en faire partie, il faut être âgée de neuf ans et savoir coudre. On se propose un triple objet : préparer le linge dont la jeune fille aura besoin pour entrer en ménage, venir en aide aux jeunes filles nécessiteuses, faire aimer à toutes le travail.

Il faut voir tout le monde à l'œuvre. C'est dans le préau, sur des bancs, sur des chaises, que cinquante élèves ou anciennes élèves prennent des mesures, coupent, cousent, se penchent sur l'étoffe, enlèvent vivement leur besogne, et, tout autour, des mamans et des dames patronnesses. Une fois par semaine, fillettes et jeunes filles, amies, parentes, tout le monde confectionne le trousseau.

Les sociétaires versent cinquante centimes par mois pour acheter calicot, toile, etc.

Il faut à peu près neuf ans pour établir les soixante et onze pièces dont se compose le trousseau. Des bons sont accordés aux fillettes les plus méritantes et cent bons donnent droit à un mètre d'étoffe. L'œuvre a été soutenue par un grand nombre de patrons et de dames patronnesses. Les dames, notamment, y apportent une coopération matérielle qui donne à l'œuvre une grande portée morale.

C'est ainsi que nous y avons vu, un jour, coudre à côté des jeunes sociétaires, les femmes de grands industriels, de délégués cantonaux, voire même la dame de l'inspecteur primaire. Un conseil d'administration comprend une présidente, une secrétaire, une trésorière, des agents comptables, des surveillantes, des contrôleuses.

Dans la première séance du mois, chaque sociétaire, munie d'une fiche de contrôle, se présente devant un agent comptable qui lui remet l'objet confectionné dans le mois et l'inscrit sur la fiche. Un autre agent reçoit l'objet confectionné le mois précédent et l'inscrit de même. Cette sociétaire est alors autorisée à porter l'objet dans le casier spécial qui lui est affecté; elle vérifie avec un autre agent le nombre des objets placés dans le casier, qui représente ainsi l'armoire du ménage, le trésor domestique, conquis laborieusement et sou à sou.

L'Œuvre du trousseau a pénétré dans quelques écoles de Paris, dans celles de Noisy-le-Sec, de la Courneuve, de Rueil, d'Enghien, de Versailles, de Reims, de Nîmes, de Tours, dans les écoles normales de Laon, Châlons-sur-Marne, etc. Dans quelques établissements, elle est liée à la mutualité scolaire.

Patronage familial du Ve arrondissement. — Ce patronage, fondé par Mme Rollé-Jacques, la sœur du regretté député et maire du XIVe arrondissement, recueille les jeunes filles des écoles publiques, le jeudi et le dimanche.

On y fait des causeries, de petites conférences; on y laisse jouer les enfants, on les promène souvent à la campagne l'été.

Patronage Maria Deraismes. — Ce patronage, placé sous le vocable de la grande féministe et philanthrope Maria Deraismes, dirigé par Mme Napias-Chaboseau, fonctionne comme le précédent et s'adresse aux jeunes filles des écoles laïques du XIVe arrondissement. Lorsqu'on saura que des hommes comme MM. Buisson, Bayet, Bouchor, et des femmes comme MMes Jules Ferry, Féresse-Deraismes, Kergomard, s'intéressent à ce patronage, on en comprendra aisément l'importance et la valeur.

La plupart de ces œuvres circum et post-scolaires affectent aussi un caractère de protection et même de préservation sociale. On peut citer :

L'*Abri de la fillette*, fondé en 1892 à Belleville par Mme Andersson, de Meyerheim. On y recevait d'abord les enfants le jeudi et le dimanche; mais peu à peu on fut amené à prendre quelques pensionnaires, c'est ainsi qu'on arracha à la rue et au vagabondage des jeunes filles auxquelles on apprit le chemin de l'école et qu'on rendit moralisées et laborieuses à leur famille ou à la société.

L'*Ouvroir de Mme Michel Perret à Tullins* (Isère), fondé en 1861, se recrutant dans un rayon de 12 kilomètres. On y fait une sorte d'apprentissage et on y perfectionne son instruction.

La *Société de curatelle des jeunes filles* de Saint-Pétersbourg vient en aide aux jeunes filles des classes ouvrières et leur donne la possibilité de passer les dimanches et les jours de fête d'une manière utile, sensée et agréable.

L'*Œuvre de la dotation de jeunesse de France* a pour but de préserver les jeunes filles du contact dissolvant de l'hôtel ou de la maison meublée en leur permettant, par une modeste dot qu'on leur verse à leur majorité, de se constituer un ménage, et, par conséquent, de se marier plus facilement.

A *Birmingham*, une femme de volonté ferme et de grande largeur de cœur, Miss Isabel Kenword, émue de la misère morale et physique des ouvrières des manufactures de la ville, a décidé les filles de la bourgeoisie à protéger une ou deux ouvrières. La protectrice et les protégées sont en relation par visites réciproques ou par correspondance.

C'est dans le même ordre d'idée que certains conseils municipaux ont créé des *prix de vertu et de dévouement* pour les jeunes filles honnêtes et laborieuses de la commune.

***

On le voit, ce ne sont pas les bonnes volontés ni les volontés éclairées qui manquent pour l'éducation des jeunes filles.

Il suffit aux institutrices de bien entrevoir le but de leur mission : elles trouveront alors en elles et autour d'elles les ressources nécessaires pour l'atteindre.

Ce but, M. Buisson l'avait déjà indiqué en 1883, lorsque, présidant la distribution des prix d'un cours normal de jeunes filles, il disait : « Formez des femmes élevées comme des femmes et non comme des hommes..., entre les deux enseignements (masculin et féminin) il y a une différence profonde — non de degré — mais d'espèce. »

Ce but, un philosophe anglais le précise également lorsqu'il écrit : « Ce qu'il faut à l'homme, c'est une compagne qui puisse l'encourager et le conseiller, qui puisse sentir et juger, réfléchir et raisonner, agir et parler; qui soit capable de l'assister dans ses affaires, d'alléger ses inquiétudes, de calmer ses chagrins, de purifier ses joies, de fortifier ses principes et de faire l'éducation de ses enfants. »

En terminant, et pour qu'il n'y ait point d'équivoque, rappelons que l'idée de J.-J. Rousseau qu'il faut élever Sophie pour faire le bonheur d'Emile est une idée étroite et qui rabaisse l'idéal de l'éducation féminine. La femme doit aspirer à embellir la vie de l'homme, à condition toutefois qu'il y ait réciprocité. Les deux sexes doivent être élevés l'un pour l'autre, en vue du bonheur et de la moralité de chaque individu, mais en vue surtout de la famille, d'où sortent les nations et l'humanité.

FIN

TABLE DES MATIÈRES

PREMIÈRE PARTIE
L'éducation des filles.

DEUXIÈME PARTIE
Le féminisme.

TROISIÈME PARTIE
L'éducation générale

QUATRIÈME PARTIE
L'éducation physique.

CINQUIÈME PARTIE
L'éducation intellectuelle.

SIXIÈME PARTIE

L'éducation morale.

SEPTIÈME PARTIE

L'instruction.

HUITIÈME PARTIE

Avant l'école.

NEUVIÈME PARTIE

Après l'école.

SAINT-CLOUD. — IMPRIMERIE BELIN FRÈRES.

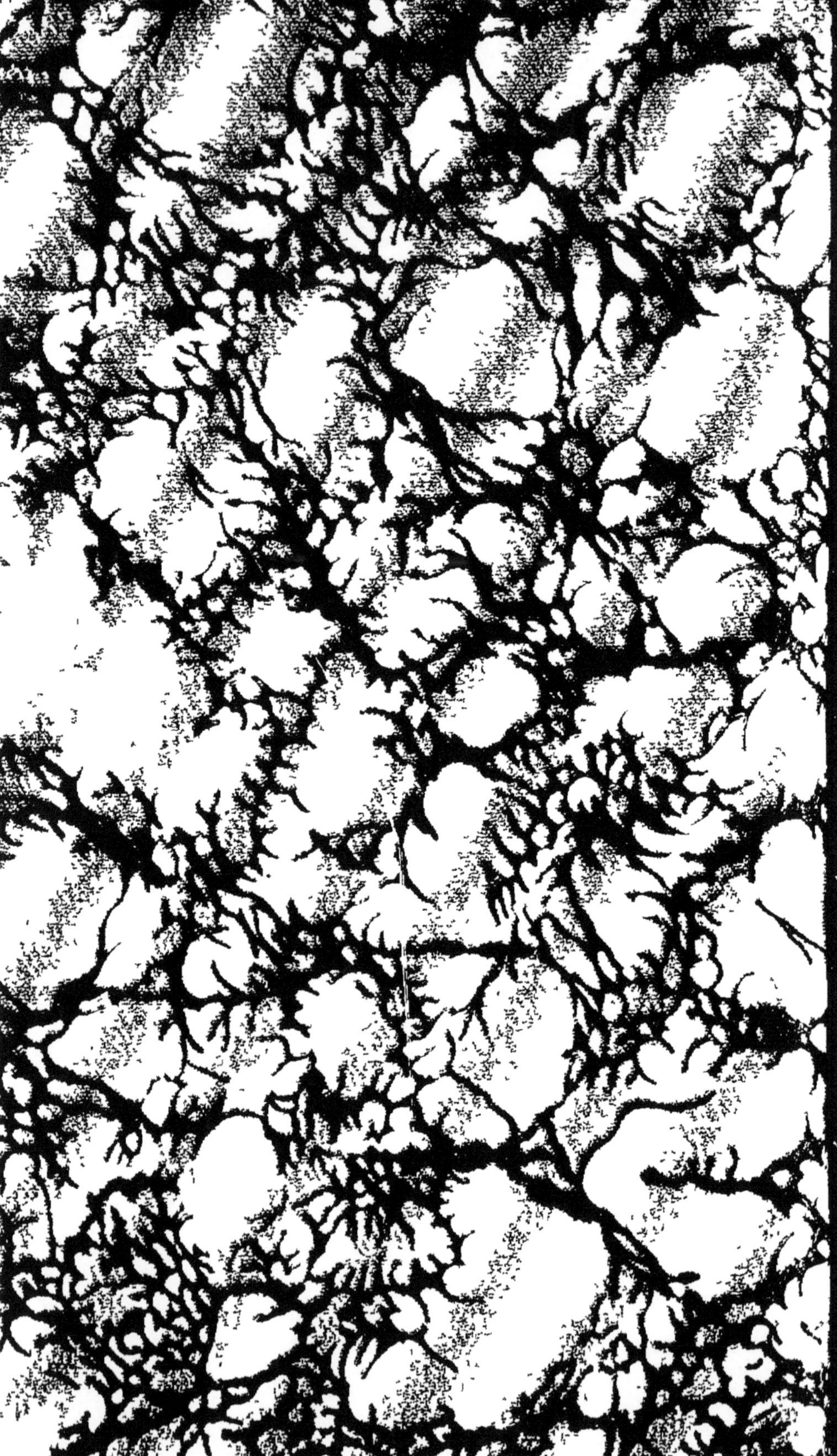

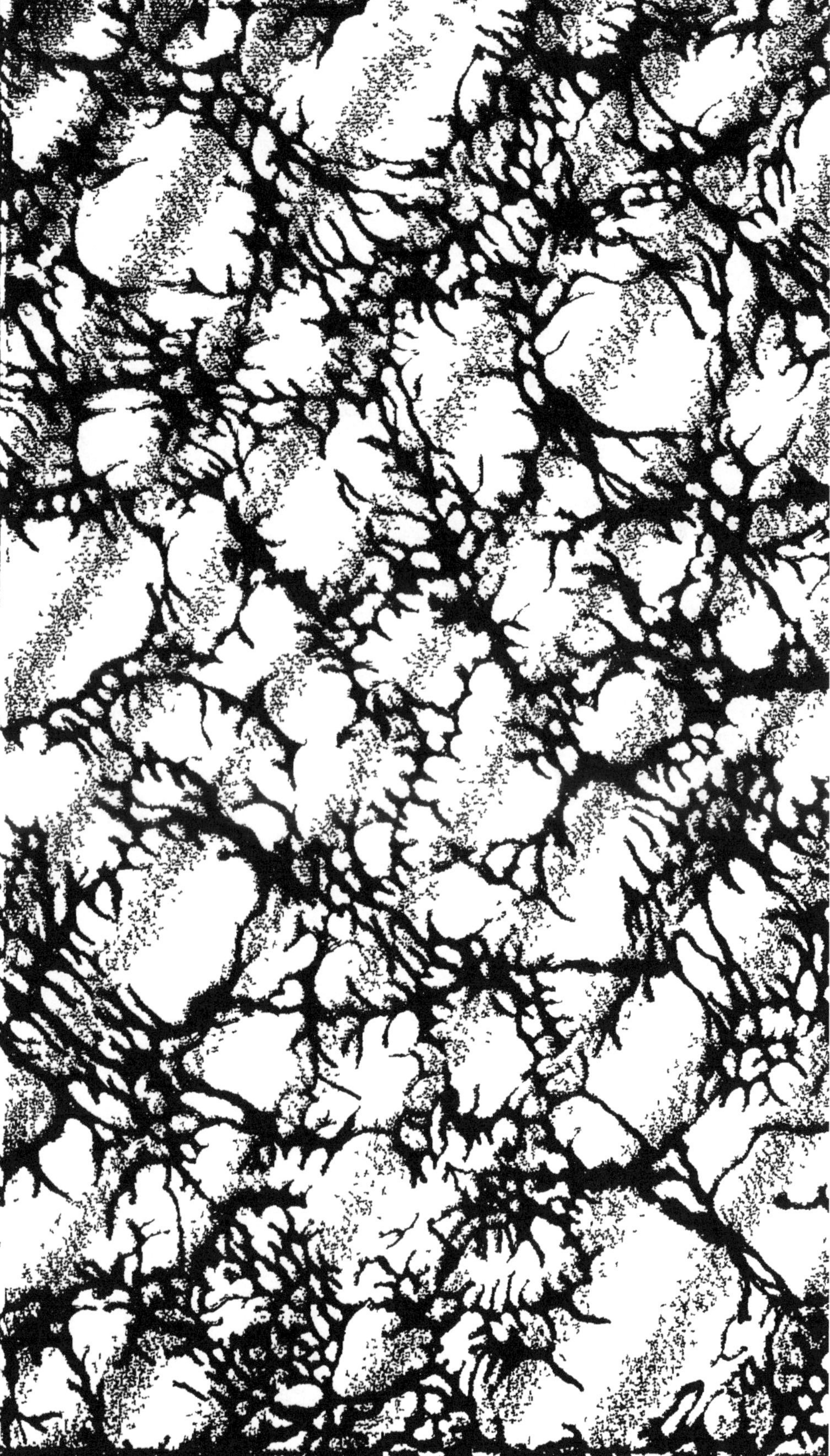

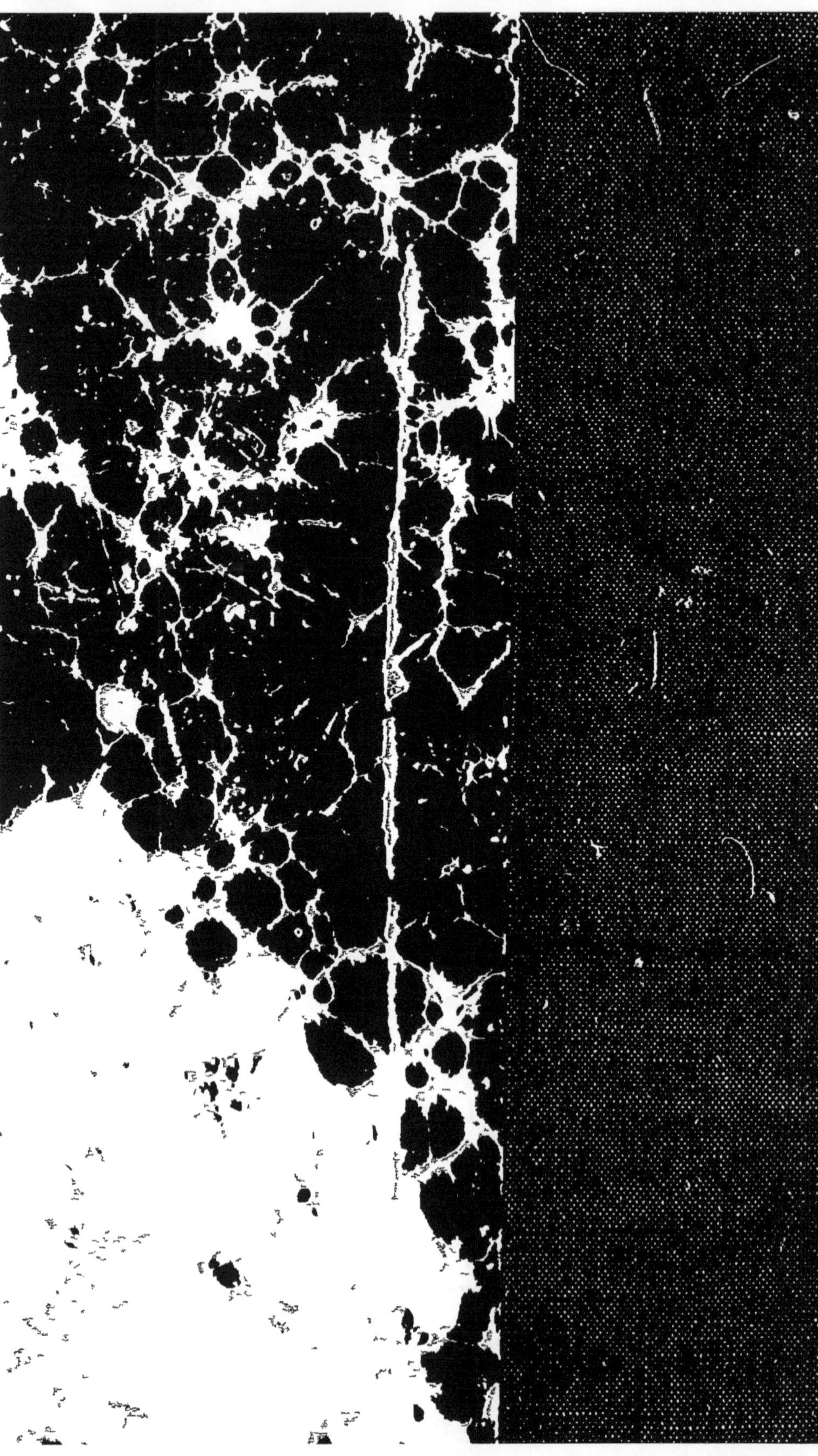

www.ingramcontent.com/pod-product-compliance
Ingram Content Group UK Ltd.
Pitfield, Milton Keynes, MK11 3LW, UK
UKHW021044220726
13924UKWH00005B/2015

9 782016 198988